JN239717

「もう時効？」

昭和から平成の"限界的金融界"裏話

赤土留太
AKATSUCHI RYUTA

GENTOSHA
幻冬舎MC

「もう時効?」

昭和から平成の"限界的金融界"裏話

は じ め に

「ティル・オイレンシュピーゲルの愉快ないたずら」と題される楽曲がある。自分の好きな作品の1つである。

「昔々あるところに……」との語り出しで始まるのであるが、自分のたどってきた道を振り返った時、ある部分は、そう表現しても許されるほど時間が経過していたり、または新しい事象に埋もれていることに気がついた。

　そんな昔話をすると、面白がって、「もっと詳しく聞かせて欲しい」と後輩たちより請われることもある。

　口下手なので、このように書いたもので、ご興味ある方々にはお伝えしたいと思い、筆を執った次第である。

　もし、金融という分野に好奇心を持って、この業界で何かしたいという方がいるのであれば、現在社会でご活躍されていらっしゃる、特に若い方々には、少し前の同業の現場で行われていた活動の記録として、幾ばくかでもご参考になれば幸いである。

☑ シンジケート ローンについて

- 借主は大型のファイナンスを、Agent（主幹事）一行、又は Co-Agent（共同主幹事）数行から成る引受団を相手に、1 つの契約書で行うことができる。
- その後の管理、資金のやり取りも、Agent 一行を相手に済む。
- Agent は、ファイナンス総額を必要に応じ、Co-Agent と共に、一旦引受け（アンダーライト）、銀行市場でシンジケート団を組成する。（Agent は"インフォメーション・パッケージ"を用意し、配布、質疑応答を経ながら）
- 最終引取額は、通常 Agent が最も多く、次が Co-Agent、そしてそれより少額の金額毎に参加手数料を定め、参加を募る。
- シンジケート完了後、参加行への支払分を差し引いた残りを引受団の中で各行の最終引取額に応じ、分配する。
- 最終引取額対比、引受団の配分額は高くなるが、これは"Praecipium"（プレシピアム）と呼ばれ、シンジケート組成の妙味となる。
  オーバーサブスクリプション（参加希望行のコミット額が募集額を上回った際）の場合は、参加行各行の金額が減る分、参加手数料率が低くなり、その分引受団の配分は更に増加する。
- 加えて、ファイナンスの仕組み、ローンの条件の交渉に関する役割、アレンジメントへの対価の手数料はアレンジメント・フィーと呼ばれ、Arranger（アレンジャー）及び Co-Arranger（共同アレンジャー）に支払われる。
- 以上より、Arranger 及び Agent の role（役割）を獲得する意義は大きい。

☑ シンジケート ローンの収益分配の仕組み (事例として)

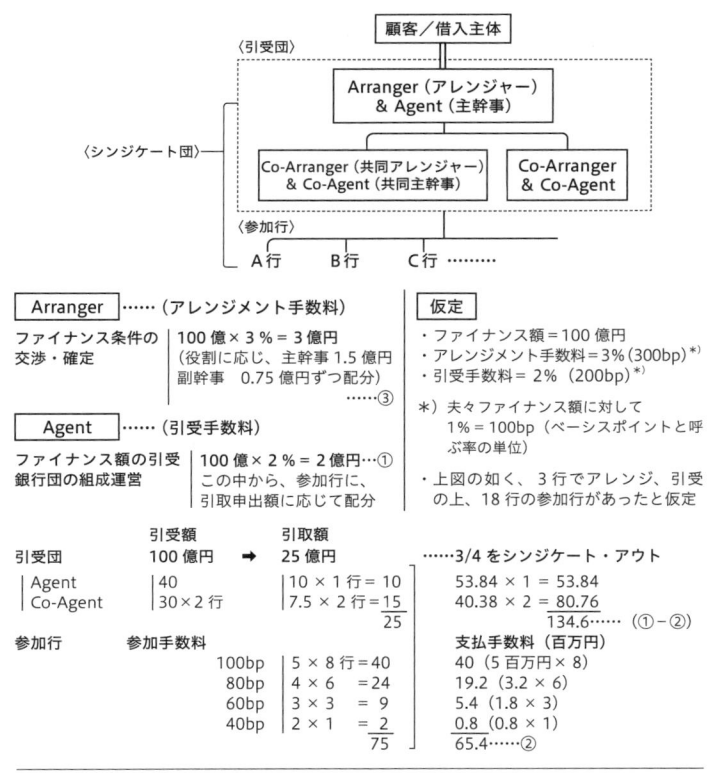

〈引受団〉

顧客／借入主体

Arranger (アレンジャー)
& Agent (主幹事)

〈シンジケート団〉

Co-Arranger (共同アレンジャー)
& Co-Agent (共同主幹事)

Co-Arranger
& Co-Agent

〈参加行〉

A行　　B行　　C行 ‥‥‥‥

Arranger	‥‥‥ (アレンジメント手数料)

ファイナンス条件の
交渉・確定

100 億 × 3 % = 3 億円
(役割に応じ、主幹事 1.5 億円
副幹事　0.75 億円ずつ配分)
‥‥‥③

Agent	‥‥‥ (引受手数料)

ファイナンス額の引受
銀行団の組成運営

100 億 × 2 % = 2 億円‥①
この中から、参加行に、
引取申出額に応じて配分

仮定

・ファイナンス額＝100 億円
・アレンジメント手数料＝3%(300bp)*)
・引受手数料＝2% (200bp)*)

＊) 夫々ファイナンス額に対して
　　1% = 100bp (ベーシスポイントと呼
　　ぶ率の単位)

・上図の如く、3 行でアレンジ、引受
　の上、18 行の参加行があったと仮定

	引受額	引取額	
引受団	100 億円 ➡	25 億円	‥‥‥3/4 をシンジケート・アウト
Agent	40	10 × 1 行＝ 10	53.84 × 1 = 53.84
Co-Agent	30 × 2 行	7.5 × 2 行＝15	40.38 × 2 = 80.76
		25	134.6‥‥ (①-②)

		参加手数料		支払手数料 (百万円)
参加行		100bp	5 × 8 行＝40	40 (5 百万円× 8)
		80bp	4 × 6　=24	19.2 (3.2 × 6)
		60bp	3 × 3　= 9	5.4 (1.8 × 3)
		40bp	2 × 1　= 2	0.8 (0.8 × 1)
			75	65.4‥‥②

1) 引受団は、引受手数料総額 (①) より、参加行へ配分した分 (②) の差額、(200 - 65.4) =
134.6 百万円を引受業務への対価として収受。
引取額にて 3 行間で按分した額 (Agent53.84 百万円、Co-Agent 夫々 40.38 百万円) を分配。
2) 結果として、アレンジメント手数料を含め、③を加え Agent & Arranger 行は 2 億 384 万円を
Co-Agent & Co-Arranger 行は、1 億 1538 万円を夫々収受することになる。
3) 引受銀行団にとって、最終引受手数料率 (134.6 百万円／ 25 億円= 5.384%) と全体の引受手数料
率 (2%) の差 (3.284% = 328.4bp) を Praecipium (プレシピアム) と呼ぶ。

Contents

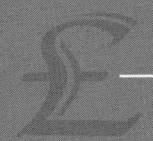

1.

Lloyds Bank 劣後債 案件

　80年代も後半に差し掛かっていた当時、英国は金融危機の只中（ただなか）にあった。多くの英国の銀行は損（いた）んだB/S（バランスシート）を補強するために、資本増強の必要に迫られていた。資金調達先として期待が向けられたのが、バブルの登坂（のぼりざか）にあって経済絶好調の日本の市場であった。

　法に触れなければ何をしても良いと新設された新規業務開発グループに配属されて、そうは言われても何をして良いか分からずに、闇雲に在京の外銀を訪問しては世界の活動情報を得るべく何かヒントになるものは無いかと聴取していたところに、英銀（えいぎん）の増資引受の打診があったのは自然の成り行きだったのかもしれない。外国債券の国内販売に力を入れていたUBS（ユニオン・バンク・オブ・スヴィッツランド）からの持ちかけで、発行体の信用に傷付くので、NDA（秘密保持契約）を結ばされてからの話となった。UBSとは、当時邦銀も始めようとしていた金利の高いBuy outローンや劣後債の引受の件で、幾つか協働した経緯があった。KKR等のプレーヤーが出現し始めていた頃である。

　NDA締結後、対象銀行の名が明かされ、Lloyds Bank（ロイズ）のレーティングの資料が、どっさりと手渡された。メール等無かった時代である。未だ対外上はMoody'sとS＆PによりBBB⁺（トリプルBプラス）（信用力が高いが低下するリスクあり）の格付けが与えられ、投資適格との説明が長々と記述されている。

　持って帰って、部長席の隣の円卓で先ず部内打合せ。銘柄は良いので更に背景や可能性を探ってみようとのことで、同じフロアの国際審査部へ場を移し、概要を説明の上協議をすることになった。そこでは、"リスクは取れるかもしれないが、そもそも同業である銀行の株を持ったら同額自分の銀行の資本金額を減らす事になるから、幾ら好調の我行でも難しい"とのことが判明した。

　諦めるのが勿体無く、UBS を再訪の上相談したところ、それでは劣後債ではどうかとのことになるも、行内で再検討したところ、"劣後度合にも依るが、相手の資本に勘定された分、こちらの資本を減じなくてはならない（例えば、発行額の50％が資本算入されれば、当行の資本もその分同額減じる）"とのことで、結局、意味を成さないとのことになった。

　何か新しい収益機会を具現化させなくてはならないのが、開発グループのアサインメントであったので、簡単に give up する訳にも行かず思案を巡らせていたところ、以前、Ｆリースの担当者が"リース会社でも実質的なローンを打てる"と言っていたことを思い出した。開発グループ第一弾案件として、航空機ファイナンスを系列のＦリースと Ansett 社に行った際に親しくなった担当者に電話を掛けて、隣の大手町ビルにあったオフィスを訪問した。

　彼の話に依ると、「"スクエア　トリップ"という金の売買を

仲に介した取引を咬ませると、リース会社でもローンと同じ効果のファイナンスができる」とのことであった。要はリース会社は金の売買が許されているので、特別目的会社を介して金を買って同時に売却し割賦で回収すれば、金のリースを通じてローンを相手に供与したのと同様の効果が生じる。またその一方で将来の金の取引価格も全て先物で予約しておけば、利回りもローンと同様に確定し得るというスキーム（仕組み）であった。

　ここで、リース会社が定期的利払いの伴う銀行の劣後債を持つことは可能であるし、自己資本より控除されることは無いので、この手法であれば可能であるかもしれないという糸口が見え始めた。

　ただ、物事が進む毎に問題がより多く残っていることに気付かされる。先ず、①関連リース会社にそんなことをさせて良いのか、との問題。リスクを十分に理解した上で、相当な金額（2億ドル）を出せるのか。②このスキームを用意し、完済までの管理は誰が行うのか。③更に、劣後債の引受をするのは誰か。その頃は、自行の欧州での証券子会社は未だ設立されたばかりで力も無く、実績は少なかった。

　最も早く解が見えたのは②の点。発行体側の UBS にこのスキームでの相談をしたところ、さすがに金取引本場の金融機関らしく、これへの機能とサービスの提供はアレンジしてくれることとなった。できれば③も行う旨の提案も受けた。

　一点目の解決には行内の幾つもの部署が関係し、複雑な議論になった。しかし、銀行の関連会社を統括、管理していた関連事業部の担当次長の一言で、前に進むことになった。

「グループのリース会社を育てて当行の顧客のニーズに応える体制を構築して行くのに、必要なのではないか」と（因みにその担当次長は現在、大手不動産会社会長の Nu さんであった）。

　発行体のリスク分析は国際審査部のお墨付を得たものの、Ｆリース一社で巨額のファイナンスを抱え切れるものではない。Ｆリースの提案で、リース会社のシンジケート団を組成することとなった。Ｆリースが幹事を担うことで業界での地位と実績に資することにもなる。劣後債の高い金利に見合った利回りを得る機会にもなるし、優良リース会社との取引シェア拡大にもなるとのことで、当行からバックファイナンスを付けたパッケージ商品として売り込むことにした。即ち、そのままのリスクでも当行の与信対象となる Lloyds Bank の劣後債を担保に、優良リース会社への与信という形で、通常の運転資金供与のファシリティーより高い金利で良質のローンを供与してシェアアップを図れるのである。

　大手リース会社取引を管轄していた本店営業部の企画部門（営業企画部）が主導して、先ず当行にとって取引拡大したいリース会社のリストアップと審査部による事前の与信審査を行い、美しくまとめた提案書を“インフォーメーション　メモランダ

ム（案件概要書）"として、Ｆリースの担当者が同業の他社に配り、シンジケート参加を募るのである。銀行はリース業務を行うことが禁じられているため、そこに当行の名は一切出て来ない。但し、Ｆリース担当者よりは、参加条件として、当行より◯◯の条件でバックファイナンスが前提です、と念押しされるという仕立である。

　魅力的な利回りとリスク、且つ乗り易いパッケージであったので、シンジケート団は無事組成された。

　さて、③の問題である。証取法65条のせいもあって、銀行内でも、資本市場部門と一般ファイナンス部門はチャイナウォールで仕切られていて、部門間の競争意識も高かった。

　関係する部門が多く、行外の関連会社迄含めるとあちこち調整し、その都度合意を得て進めて行かなくてはならなかったので、最悪外部の UBS に引受業務を委託すれば良いか、とのコンセンサスで、営業企画部の入行同期の担当者と馬を合わせ、先の関連事業部次長、審査部の審査役の大いなるバックアップを得て、詰められるところ迄詰めた。与信案件が申請される前に、"このリース会社には幾ら与信余力があって、取引採算がこれだけ改善するから◯◯円のローンを◯◯の条件で出せる"等という基準が事前に審査担当部より営業担当部へ出されること自体、異例であったし、関係者全員の win-win ベースになる（全ての当事者にメリットになる）本来の銀行の審査機能を発揮す

べき姿であると、大いに感激したことを覚えている。

　シンジゲート団の組成に目途が付き、発行体の Agent である UBS を通じ Lloyds Bank とも条件の折合が付き、スキーム全体についても外部弁護士による Legal Opinion（法律意見書）で go サインが出たのを見計らって、証券業務を統括する資本市場部を、案件の説明と、ロンドンの証券子会社による劣後債引受業務を行う意志と能力があるか確認のために、営業企画部の同期と 2 人で訪れた。対応に出た入行年次が数年上の調査役は喜んで、「設立間もなく実績のない英国子会社にとって好機なので、体制を整える様に部内を説得する」と即答してくれ、その時は良い雰囲気で面談を終えた。

　席に戻って 30 分程した頃、上司の部長のところに電話があって、「一緒に 4 階に下りて来い‼」（資本市場部は 4 階、我々の部は 7 階にあった）とのことだった。

　4 階の資本市場部長の席の前には、営業企画部の部長、次長、同期の調査役も呼ばれていて、我々が揃うと大声で説教が始まった。

　資本市場部長は取締役、プロジェクトファイナンス部長、営業企画部長は平部長だったので、上からの "お言葉" となる。

　要は、"業法を超えた領空侵犯を行った罪は重く、今迄何も知らせず、勝手に案件を進めていたのは権限逸脱" との主旨であった。何をした訳でもなく、結果として、そうした名誉ある

初引受実績と収益機会（60万ドル）とを享受できるのであるから、とは皆内心思いつつも、ストーリーを全く変えて、英国Ｆ証券が案件を発掘し、資本市場部が中心にバックアップして取りまとめた、という形にして行内外に発表することを条件に、何とか収めてもらうことにした。

　これをきっかけに、他の英銀行の同様案件も導入でき、英国の証券子会社と、Ｆリース社は業界でのそれなりの地位と収益を得ることになるのだが、結果として良ければそれで良かったと言うべきかもしれない。

　上司の部長からは迷惑そうな顔をされたものの、叱られることは無かった。営業企画部の次長と同期の同僚、営業部の審査役と打上の飲み会で語らったことが楽しく思い出される。後日、英国子会社の英人社長が出張で来日した際にくれたクロスのサイニングペン（Lloyds Bank FRN 1988 と刻印されているもの）が手元に残っている。

　行内での一連の熱りが冷めた頃であったろうか。本件で協働したスイスの某行より、ランチの誘いがあった。自分のポケットでは出せない額のご馳走を頂きながら、デザートが出される頃に向かいに座った米人の東京支社長より「ウチに来ないか？」との誘いを受けた。「君なら３千万はベースで、後は出来高制の賞与で」との話であった。当時の給与は６百万円位で

あったろうか？　ただ、入行来受けて来た仕打ちにも拘らず、それでも自分の銀行を好きでその将来を信じていた自分は、その場でお断りしてオフィスに戻った。

2.

Global Octane（ガソリン添加物）
プロジェクト案件

　1990 年代に入ったばかりの頃、日本の商社はオイル・ガス案件で活発に主プレーヤーとして、米国内でも存在感を示していた。自動車を巡って環境問題や燃費問題への注目度が高かった中で、燃費向上、排出ガスのクリーン化、エンジン内の燃えカス除却の効果を持つガソリン添加剤 MTBE（メチル・ターシャリ・ブチル・エーテル）を精製するプラント建設プロジェクトを某大手商社が単独出資で行うこととなった。同社化学プラント部の威信を賭けた案件である。

　経験豊かなメジャー幹部 OB をスカウトして社長に据え、首尾良くプラントも予算内、スケジュール通りに完工。稼働後、製品も基準通りの品質のものが安定して産出される水準に達したのに、親会社の完工保証（工事完成保証）が外れない。通常のプロジェクトでは、完成迄のリスクはスポンサーや工事会社が取って、完工保証をファイナンス提供者である銀行に差し入れる。そして契約に定めるオペレーションが順調に一定水準以上に安定する基準をクリアしたところで、この保証は外されることになっている。

　この案件では、物理的完工に加えて、一定の信用基準を満たした主体による製品の長期引取契約が予定産出量の 100% をカバーしていることが、その条件に加えられていた。というか、当行と同スポンサー商社との交渉時に、スポンサーサイドより「市場ニーズの大きい製品だから 100% 引取されるとの条件は

問題ない」との発言があり、そのまま導入されていた。

　エクソン、モービル、シェル、アモコ、シェブロン等の名だたる引取手が次々と長期買取契約を結び引取量の90％はカバーされたが、残り10％についてなかなか詰まらない。オペレーションが始まって半年経った。市場のスポットで売っても高くさばけるので、寧ろ採算は良くなっていたし、仮に80％しか売れなくても、十二分に返済はできる潤沢なキャッシュフローを産んでいた。DSCR（デッドサービスカバレッジレシオ）*）は、2倍近くあったのだから。そんな優良案件でも、契約をしてしまったからには、銀行団より条件Waive（放棄）の合意を取る必要があった。

　＊）毎期返済額をカバーする余剰キャッシュフローの比率

　因みに、この時の契約書には、完工保証を外すのに必要な完工条件充足を認定するには銀行団の100％の同意（与信金額の割合の合計）を要した。実態的に物理的に出来良く完成し、オペレーションも順調で将来に渡って返済に十二分なキャッシュフローを産み続けるのでWaive（権利放棄）して欲しいと、Agentの当行が同社社長のボブと各参加行（8行）を訪問して口説いて回ったところ、当行含む7行迄はすんなりと応諾が取れた。あと1行何とか、と言うところで数ヶ月が経ってしまった。焦るスポンサーの某商社よりは、Agentの当行が、同意

しない参加行の分を肩代って欲しい等と、あれこれ矢の催促が相次いだ。何とかして欲しいとの嘆願にスポンサーである同商社の担当部長が東京から出張して来て、応接室で激しいやり取りになった。

　同社内の稟議書では完工と同時に会社としての保証義務が外れ、出資部分以外のプロジェクトへの Liability（負債義務）が消えることを条件に、同社にとっては異例の 100% 出資案件として内部承認が取れているのであるから*）との理由であったが、こればかりはどう仕様も無い。

　　*）即ち、出資額以上のリスクは負わない

　御一行を見送った後、Lender（貸し手）側の弁護士で親友でもあった弁護士事務所 Milbank & Tweed のエリックとも繰り返し相談し、互いに頭を捻った。自由の女神像を望む、ウィンドウ オブ ザ ワールドのバーでほとぼり冷ましに昼から飲みながら策を練っていた時のことであった。悪知恵は追い詰められれば浮かんで来るものである。

　彼は言った。「スポンサーの同社は off taker（製品の買い手）として適格だよネ？　自分で製品の売買もやろうと思えばできるし」。

「ふむ、それはそうだけれど」と私は答えた。

　エリックはウィンクしながら「では、一旦彼等に off taker に

なってもらい、その上で、条件変更したらどうかな？」と囁いた。「完工基準達成後の off taker の条件変更は 66.7％（2/3）の Lender の Majority（多数）の合意で可能だからネ」と付け加えて。

　要は、"同商社にワンタッチで製品の引取契約者にならせて完工保証を外し、実際に引取が発生する前に、銀行団から同社が引取契約から抜けることの承認を得る"、と言うことである。契約書には、完工認定に必要な検討期間は資料提供後型式要件を満たす際は 5 営業日、そうでない場合は 20 営業日、同様に、引取契約の条件変更も必要な資料を渡した後 20 営業日、と定まっていた。自分が交渉した諸条件である。ただ、こんな Loop hole（抜け道）が結果的に用意されていたとは、考えてもみたことはなかった。

　私はこう返した。「でもエリック、そんなことしたら、参加行の信義を裏切ることになって、当行の市場での信頼と名声は、地に落ちてしまうよ」。過去から甦って響いて来る悪魔の囁きを振り払う様に。暫く沈黙が続いた。

「他に方法があるかい？」、答えを見つけられないまま、更に時が流れる。腹も空いて来たので、下の階に下りてウィンターガーデン迄歩いて、Sfuzzi というイタリアンバーで、Squid（イカ）のフリットをつまみにビールを飲みながらの話になった。

「そもそも同社が自ら Off Take になると賛同するか？　も

しくは、内部規定上なれるか？　を確認の上での話だが」と、嫌々ながらの姿勢を示す前置をして。一方で、何で自分ばかりが損な役回りをして泥を被らなければならないのか、という腹立たしさも交えて。側を通るウエイトレスが運ぶ料理から立ち上って来るカルダモンの香りを、気分を変えるべく必死に嗅ぎ取ろうとしながら、

「その前提が解決したとして、当行としては、全てを disclose（開示）して同社が off taker になる事での完工保証の解除と、同社がそれを前提に off taker よりワンタッチで外れることを、夫々参加行に誠意を以って説明して解決を図るしかないのかネ？」と、溜息交じりに言葉を吐いた。

「実態的な与信上のリスクは無いのだし、当行の reputation（名声）や能力に傷が付くことも最大限回避するべく、誠意を以って、説得に訪問して回るしか？」と付け加えて。

　翌日オフィスに戻って、部下の米人の担当者達に話すと、

「そんなことしたら、この銀行の市場での信用喪失に繋がって、もう Arranger や Agent 業務はできなくなるかもしれない。折角皆で案件を一つ一つ、Agent として美しくまとめて築いた地位を失うことになる」と強く懸念を示す者も多かったが、最終的に納得してくれたことには感謝した次第であった。

　同商社との関係を所管する行内の営業担当部は、オロオロするだけで「何とかしてくれ」と叫ぶばかりなので、そこはスキ

ップして、この秘策を、東京に戻った同社化学プラント部長に個別に電話で示し説明した。電話では相変わらず不機嫌で怒っていたが、他に選択肢が無いと理解すると、

「ワンタッチでも off take 契約を結ぶことは社内規定上権限逸脱になる。その上、出資額以上のリスクをとることを禁じる条件が付されているので、社内決裁を取ることは不可能」と。

暫く間を置いて、

「もし製品引取が実際に発生する前に銀行団をまとめて、そうした筋書で運べることを確認してくれたら、自分個人の決断で、off take 契約にサインする」と。

「1ヶ月間、権限逸脱の状態が続き、もし、それが社内に伝わりでもしたら、自分は即刻クビになることは分かっているな!? 私は社内では Ta と Ye、それに財務部の Ok にしか明かさないで進める。そちらも貴行営業担当部（同社の窓口となる担当部）には言わず、貴行より我社に情報が漏れない様にして欲しい」と続けた。

一週間ばかりして、同社が10％の製品の長期製品引取契約者となる off take Contract が厳封され親展扱いで送られて来た。

Signature Page（署名欄）には部長 Sh のサインがはっきりとあった。

そのコピーに加えて準備してあった"完工承諾書"用紙と"Off taker 変更に関する要請書"及びその"承諾書"のひな型

をワンセットにして、参加行への依頼の行脚が始まった。米銀でもサバけて「大変ですね、分かりました。御苦労様です」、で終わるところもあれば、邦銀でも嫌味を十分言われて、「何か変更に伴う追加の Fee（手数料）の支払はないのか？」と、本音をぶつけて来るところもあった。

　エリックの悪魔の囁きに乗ったことを後悔しつつも、一方では感謝しながら、期日迄の1ヶ月は、1週間の如く過ぎて行った。

　ところが反対していた一行（D Bank）が最後迄首を縦に振らない。尤もである。「そんな先が見え透いた単に形式的手続を踏むだけの要請に応じるのは恥だ」と。そして数週間が過ぎた。

　東京より同社の担当部長 Sh 氏が、Ta、Ye、Ok 3氏を伴って飛んで NY 入りし、JFK（ジョン・F・ケネディ）空港から直接車で乗り付け、怒鳴り込んで来た。応接間に私と米人担当者以外の出入は当然許さない。同社担当の当行営業部長も、支店長も、心配して顔を出そうとした。ただ挨拶だけで席を外す様にとの客の言葉に従わざるを得なかった。室外にも怒りを伴う大声が漏れ聞こえていたらしい。後で聞いたところに依ると。「お前は1ヶ月で話をまとめると言っただろう‼

　もうこれ以上完工保証が外れないと、社内でペナルティを課される‼　いわんや自分の権限逸脱がバレたら俺はクビだ‼　我が部の展開にも大ダメージだ‼　事件として報道されでもした

ら……‼」等々。

　最後迄反対していた D Bank の担当者ジョンより、そんな時に電話が入ったと、秘書が私を呼びに来た[*]。スポンサー社の担当部長の来訪するタイミングをジョンには知らせておいたからかもしれない。席に戻り受話器を取ると、

「自分達は苦渋の決断をする。貴行の提案を受け容れる」との短いフレーズを穏やかに伝えただけで、相手は電話を切った。

　　[*]　因みに、秘書は察しの良い、気働きの利く黒人のシングルマザーであった。

　間もなく、文書デリバリーサービスで、私の手元へ承諾書が届いた。応接には未だ来訪した４人を待たせてあった。

　応接室から出て来た私を認めた誰かが伝えたのであろう。支店長以下副支店長、営業部長、担当者が、席に押しかけ、「一体何が起きているのか？」と、詰め寄って来た。当惑しつつも、説明する訳にもいかず、

「全て丸く収めるので、安心して下さい」とだけ答えるしかなく、「待たせてあるので」と振り切って、応接に戻った。朝の便で着いていたはずなので、既に４時間は経っていたであろうか。ドアを開けると、時差も疲れも怒りに隠された４つの顔が一斉にこちらに向けられた。が、発言は無かった。きっと、何か緩んだ空気を感じたのであろう。

「時間も時間なので、昼用に何か用意しましょうか？」と切り

出すと、素直に応じて、ケータリングでサンドウィッチを頼むこととした。

秘書が新しく落としてくれたCoffeeをすすりながら、米人の担当者より説明をさせた。淹れたての香りが穏やかな息づかいで漂って来たせいもあったのか、室内の張り詰めていたものが次第に緩むのを感じながら、D Bank担当者の配慮を想い、こみあげるものを抑えるのに精一杯でもあった。説明が終わったところで、届いたConsent letter（同意書）をテーブルの上に置き示すと、暫し4人はそこに身を屈めながら一字一句確かめていた。私は応接室の電話器からエリックに電話を掛け、コトの顛末を伝え、銀行団への説明と報告のDocuments（文書）を準備するべく依頼した。電話口からは、何時もの高笑いと"We made it, Congratulations!!"との声が響いて来た。

静かな昼食会になった。マヨネーズを塗りたくったターキーサンド、BLTに加え、ブリーチーズサンド、サイドディッシュに、ケシの実がふんだんに入ったパスタとマッシュルームのサラダ、それにポテトチップス。これを黙々とコーラで胃に流し込む。

何が原因でこうなったのか。もう誰も問う者はいなかった。「わざわざ飛んで来たかいがあったな」、ポツリと同社のSh部長が漏らした。が、お礼は無かった。その時は。

Consent letter（同意書）のCopyを持って、何ごとも無かっ

2. Global Octane (ガソリン添加物) プロジェクト案件

た様に静かに去って行った。営業部長と担当者が気が付いて、慌ててエレベーターホール迄見送りに駆けつけて来たが、平身低頭に挨拶する彼等に、一行はバツが悪そうに、「もう済んだことだから」と言いつつ、馬小屋の様なエレベーターの扉の向こうに姿を消した。

　米人担当者を労い握手をすると、自分はそのまま早速捕獲されて支店長室に連行された。

「説明しろ」、と言われても、説明できるものではない。

「雨降って地固まった」、ということ以上話すことは控える自分を前に、支店長始め彼等も匙を投げた形で終わった。そんな形で終息したので、逆の立場になれば、成り行きに依ってはそれ相応の覚悟をしていたのかもしれないと、彼等への同情の念さえ頭を擡げ始めていた。

　部屋を出る時に、

「もう君は、お客さんの前に出せないな」と呟いた支店長へ、返す言葉も見当たらなかった。

　その日のうちに、D Bank へお礼に訪問し、心よりの感謝とお詫びをし、夕刻にはエリックと Winter Garden のあの時の Sfuzzi で、何時もの Squid のフリットとビールで乾杯した。それ以降、自分の採り上げる Agent 案件の attorney（弁護士）には、彼を必ず指名することになった。

　その後、営業部は同商社の NY 支店に何回も失礼があったこ

とを詫びたらしいが、何も背景を知らない同社の人々は只々困惑しただけであったと言う。

"Drive your Engine clean!!" とのエクソンの MTBE のラジオ宣伝が広く聞かれる様になったのは、丁度その頃である。

暫くして、銀行団を率いて Houston にある MTBE プラントへの Site Visit（視察訪問）をする機会があった。改めて、完工したプラントの inspection（実地検査）を行うとの目的だが、その際に社長のボブより、Frederic Remington の "荒馬乗り" のブロンズ像[*] を贈ってもらった。謂く、

「あばれ馬の Sh 部長を乗りこなすのは大変だったろうね」と。

今は自宅の本棚に置かれて、時々当時を懐かしむ。その Sh 部長は本プロジェクトの成功もあって、目出たく役員に昇進した。権限逸脱の件は全く漏れなかったことの証拠でもある。

数ヶ月後に一時帰国した際に、Sh 部長に宴席に招かれ、内情を知るとり巻き 4、5 人と共に料亭でご馳走になり、銀座のクラブで遅く迄付合わされた。どうも、これが、お礼とお詫びのつもりだったらしい。

「いや～、よくやってくれたヨ」、とだけ。

人は、現実をエゴや願望というスクリーンを通して見、認識し、自己保存を図って生きて行く。

[*]）その同じ像が、トランプ大統領（1 期目）の執務室に飾ってあるのを、後年発見することになるのだが。

28

3.

Cerro Colorado（チリ銅山開発）
プロジェクト案件

　今私が胸に差して日頃使っているモンブランのボールペンには "Cerro Colorado-1992 USD 100 MM Project Finance" と金色に刻印された文字が薄く残っている。

　1990年代初頭の米金融機関は疲弊していた。日本でもバブルは弾け、経済はピークを越えていたが、不良債権が問題化するのはその5〜6年後で、日系金融機関はまだまだ元気な頃であった。当時の米国では Purpa（Public Utility Regulatory Policy Act）法なるものが施行され、電力自由化を背景に独立電力供給会社（IPP：Independent Power Producer）のプロジェクトが盛んに立ち上がっていた。そこへのノンリコースベースのプロジェクトファイナンスに欧州系の銀行と共に、日系の銀行も存在感を出していた。IPP プロジェクトに積極的であった M 商社や、タービンを自身で提供しつつ、同時にメザニンファイナンスを子会社の GECC を通じて供与していた GE とも親しかった F 銀行は、幾つかの大型案件で Agent としての役割を発揮し、その世界ではグローバルでトップ行の一つであった。

　ただ、発電案件だけではもの足りないので、化学プラント、精錬所案件、珍しくは、スペースシャトルの実験棟へのファイナンスも手掛ける中、CITI の友人より面白い話が持ち込まれた。

　彼等の取引先、カナダの Rio Algom 社（リオアルゴム社）がチリの銅山開発の計画を持っているらしい。どうも日本の商社が産出物の引取手として興味を示しているとも。チリといえば

世界でもトップクラスの鉱物資源埋蔵国であり、特に銅の生産量は世界有数である。早速ミッドタウンのCITI本店の会議室から同社の財務責任者と、タコ足と呼ばれるPolycomの機器を使った電話会議ができる回線で話をしてみると、少しはぐらかされながらも、チリ政府からの開発許可が下りたこと、現地でバイオリーチング法により純度の高いSxEwカソードの生産まで行うこと、更には、どうやらその製品引取に興味を示しているのはM物産らしい、との感触を得ることができた。望むらくは、リスク軽減のために、引取に加えて出資も少しばかり一緒にしてほしいとのことも。

　早速、本店営業部のM物産担当に連絡して、同社財務部のプロジェクトファイナンス担当に鎌掛けをしてもらったところ、反応は鈍く、有益な情報は取れず仕舞いであった。それもそのはずである。チリは1990年、即ち前年までピノチェトの独裁政権が続き、民政に移行したばかり。その先の安定化の見通しも確たるものではなく、新政府との開発計画への許認可やコンセッション（運営委託）契約も何時破られるかもしれない状況であった。そうした政治リスクを担保するにはG to G（政府対政府）の構図を取った上での政府系の保険の付保が求められたが、今でこそ一般的になったとは言え、当時はイラン革命で接収された化学プラントの保険金をMITI（通産省）がM物産に支払った件以降、通産省もいわゆるMITI保険の制度を凍結し

ていた状況で、いわんや、当事者の M 物産も通産省に対して保険のお願いなどできる立場にもなかった。

　そんな事情をとつとつと、同社非鉄金属部の Sr 部長代理より聞いたのは、出張で戻って訪問した、皇居を見下ろせる会議室に於てであった。

「鉱石の品位が高く、精錬効率の良い案件なので、是非やりたいんだけれどね。財務部に相談したら無下に断られてしまったよ。無理ないよね。出資は難しいにしてもせめて製品の引取だけでもできればと思って Rio 社とは交渉しているけど、出資しないのであれば、引取り手は他にも一杯いるから割当てしないよと言われてしまって」と。

「我々の様な業種はね、良い鉱山の権益を確保しておいて、何年かおきに価格が吹き上げた時にがっぽり稼いで、後は寝ている、と言うスタイルなんだ。だから、この山の権益を押さえておきたいのだよね」とも。

　政治リスクは民間では取れないし、当時者の M 物産は前科があって弱気な上に、相手がお役所。そもそも難しいのかな、との印象を持って、CITI の在日代表部を訪ねた。不良債権で苦境にあった CITI も東京のオペレーションを大分ダウンサイズしていて、この種の話を担当する部署など無く、連絡係役的な存在の Fj 氏がいるのみであった。「もうすぐ定年で、家で飼う大型犬の散歩に毎日早く帰宅すべく 17 時にはオフィスを出

なくては」との前置の上で、話だけでもと席に着いてもらった。どうしたら MITI（通産省）の姿勢を変えられるか、そして M 物産を出資の伴う製品引取手として参加させて、プロジェクトの経済性を安定させつつ、ディベロッパー（開発会社）の Rio Algom 社の強みと組み合わせて前に進められるか等、どうせダメモトと思いつつ、勝手なことを言い放って、その場はそれで終わった。

　陰鬱で静かな夕刻であった。ほんの少しでも風がそよいでいてくれたら慰めにもなっていたかもしれない。

　さて、どうしたものか。NY から東京まで出張して何も成果が無ければ、カラ出張と責められかねない。当事者の間で一番インセンティブが強いのが M 物産非鉄部のはずだから、Fj 氏が一旦会ったと言う MITI の担当者に、更なる事情説明の場を設けてもらい、M 物産の Sr 氏と 3 人で訪問して、事業者の熱弁で糸口を見出そうとの算段を立てて、Fj 氏より MITI へアポ入れの上、面談の運びとなった。

　春の異動で、新任との引継のタイミングであったことが功を奏し、何か自分の実績をと望む若手キャリア官僚は前向きに耳を傾けた。Sr 氏は日本にとってのベースメタルの資源確保、National Security（安全保障）の観点に焦点を当て、私企業の利益追及の点は控え目に力説し、取り敢えずテーブルの上に乗ることが確認できたことを、帰り際に新橋の居酒屋に寄って 3

人で祝った。Fj 氏は、その日の愛犬の散歩は奥様に任せて。

　後からよく考えてみれば、これはその後のこの制度の展開を考えると、エポックメイキングなイベントではあった。

　NY に戻って、こちらも前任の渋い方から代わったばかりのリオアルゴム社の新任財務責任者と、既に CITI 東京より進展の報告を受けていた同行の担当者で友人のクリスと、電話会議での打合せとなった。"Great Progress !!" との喜びの声で始まり、リオアルゴム社と M 物産間の交渉も再開することとなった。

　それでも、1 年以上の時間は、諸々の契約や条件を整えるには長過ぎることは無かった。チリ政府よりの許認可、コンセッション契約も結ばれたとの報がリオアルゴム社より入り、それを Condition Precedent（前提条件）とした M 物産とリオアルゴム社との Shareholders Agreement（株主間契約）及び Off Take Agreement（製品引取契約）も発効の見込が立った。Lender 側の法務アドバイザーとなる弁護士事務所には、先の化学プラントの件で信頼を得た Milbank & Tweed を指名。エリックは専門外だったので、同僚の資源開発分野の重鎮、リチャード B Esq.（弁護士の敬称）が担当することになった。彼はもったいぶった性格で、エリックの様にダジャレを交えた巧妙なやり取りを得意としていなかったが、一点ずつ確実にリスクを押さえながら、粘り強く交渉を助けてくれた。Co Agent

を組む＊CITI のクリスもオーストラリア人らしく大雑把な性格だが、交渉の手練手管には学ぶところが多かった。月１回であった弁護士事務所での対面か電話会議での Documents Negotiation（契約交渉）のペースが月２、３回となり、大詰に近くなった頃、クリスより電話を受けた。珍しく声が沈んでいたので、女性問題の悩み相談かと思い、ダウンタウンのバーで待ち合わせると、真面目な表情で、

「我が行は、この案件を進められないかもしれない」とポツリ。

「業績不振で、アセット積増ができないとのことなんだ」と。

Commercial Bank（商業銀行）の Portion（持分）は、全体のファシリティー（ローン金額）のうち１億ドルだけだったので、CITI と 5,000 万ドルずつと、引受金額としては大した額ではないし、MITI 保険付なので、Market Tapping（市場調査）の反応からも、Net Take（最終引取額）それぞれ 2,000 万ドルずつまでシンジケーションを組んで落とすことは難しくないと説得を試みた。

＊）サンティアゴに拠点を持つ CITI がチリのカントリーリスクと資金のやり取りを管理する役割を、M 物産を中心とした Off Take の動向をモニタリングし、且つ MITI 保険を管理する役割を F 銀行が、互いに分担し、Co Agent としてタッグを組むこととした。

当時、中南米債権のリスケ（返済繰延）が多く、会長のジョン・リードが強力に中南米エクスポージャー（向け債権額）の

縮少と資産積増回避策を進めていた頃であった。我が行だけで引き受けてシンジケーションにかけるという手もあったが、見映えも悪いし、市場がどう受け取るか、見通しも利かない。

「チリ国がもはや投資非適格国ではなくなったこと、MITI 保険が付くことで、80％は同国エクスポージャー（向け債権）とカウントしなくて良いこと、それに何より、本件の優良な経済性、我々にとっての収益性等等、説明して何とかならないのか？」と、かなりきつく問詰めてしまったらしい。私自身も相当慌てていたし、思い入れも強かったのである。

「何時もの調子で行内でも適当なことばかり言っていたので、信用してもらってないのでは？」と言ってしまった時、クリスは怒ったのか、諦めたのか、ボーイを呼んで支払いをすると、呼び止めにも応えず黙って出て行ってしまった。

　後悔しつつも、片やあまりの一方的な事情に憤りを覚えつつも、溶けた氷で薄まったシェリーを飲み干して、夜風に吹かれながらフェリーでハドソン川を渡り、Hoboken からの NJ Transit の列車に乗り、駅の売店で買ったジンファンデールの小瓶とポテトチップスで飲み直しながら、あれこれ考えを巡らせつつ自宅のある Glen Rock まで戻った。駅に停めた車で、路上に積もった落葉に車輪を掬われぬ様慎重にハンドルを切りつつ、家に着く頃にはかなり廻っていたが、"まあ、正論で押すしかないな"との決心は付いていた。

　その晩遅くにクリスから電話があり、

「申し訳ない」とのお詫びで始まり、

「Last resort（最終手段）として、（クリスも）個人的に親しい
ジョン・リード会長に直談判して突破口を見つけるしかない」
との結論で合意して、電話を切った。

　翌朝、支店長席に行って事情を説明し、CITI を説得するに
十分な材料はある旨、あれこれまくし立てたことを覚えている。
支店長からは、その前の M 物産の化学プラントのプロジェク
トの件で、細かい事情も知らされないまま何時の間にか何も無
かった様に落ち着いてしまったことの一件を蒸し返されて嫌味
を言われ、一方で、昨晩クリスに言った言葉が自分に戻って
来る罰を感じつつ、今度は開き直って M 物産との顧客関係の
大切さや、MITI のお墨付きと言った大義名分を振りかざして、
支店長にお出ましを請うた。時の支店長は Hd 氏で、後に副頭
取になって、その後の案件等でも色々と助けて頂くことになる。

　人事考課上は良い点は付けてはもらえ無かった様だが、個人
としては信頼して頂いている様に思えた。

　M 物産担当の当行内営業部の応援を得て、Hd 取締役支店長
にお出ましをご承諾頂いた。支店長席の電話からクリスに連絡
し、ジョン・リード会長のアポ入れを図ると、保留にしていた
その電話の間口に、

「今なら会える」との返事があった。

　頭を刀で切り落とされた様なミッドタウンにある CITI の本社ビルまで、自分達のオフィスのあるダウンタウンからは20分程度あれば着くだろうか？　30分後に伺う旨のアポを確定した上で地下駐車場から支店長車を上げる時間を惜しんで、ワールドトレードセンター前で、イエローキャブを拾い、CITIへと向かった。車中で、説得する理由を箇条書きに汚い字で紙に落とし、お渡しするのがせいぜいであったが、禿げ頭の日本人の流暢で整然としたプレゼンに、若々しく見える金髪の米人はひとつひとつ頷きながら聴いていた。

　"I understand what you are saying. Let me think about, and get back to you."（あなた方が言っていることは分かった。考えてまた連絡します）と簡単に答え、機動的に訪問してくれたことに謝意を示しつつ、CITI の社用車で、ワールドトレードセンターまで送ってくれた。往復１時間にも満たなかった面談ではあったが、同席していたクリスの表情から、悪い結果にはならないであろうことは読み取れた。

　Hd 支店長に頭を下げて、席に戻り、昼食を Au bon Pain に買いに行こうかと思案しているところに、クリスより電話が入った。

　"The issue is resolved. Now back to in orbit!!"（問題は解決した。元の軌道に戻ったよ）と。

　ひとまず苦痛は去ったので、本件担当の部下のエドと、前か

ら気になっていたシカゴ風ピザ屋に場所を変更して、少しばか
り重い昼食を楽しんだ。

　しかし、簡単に物事は進まない。リオアルゴム社より突然
「大事な報告があるので電話会議を」との連絡が入ったのは、
調印直前のある日であった。

　リオアルゴム社の親会社、RTZ Corp plc 社が同社の多数権
益（持分）を手離すと言うのである。経営方針上の違いから、
との理由であったが、Material Change、いわゆる "重大な変
更" に相当する。同社単体での業績は安定的で、投資適格を確
保していたとは言え、大きな後ろ盾を失うことは痛手であった。
後に同社の持つ優良な鉱山権益に目を付けた Billiton 社が買収
に動き、BHP に組み込まれていることになるのだが。

　CITI とも協議して、それぞれの審査部門での承認を得るの
に少なからぬ労力と時間を使ったものの、何とか調印に漕ぎ
付けた。Milbank & Tweed の会議室で、積み上げると１ｍは
超える Documents（契約関係書類）のサインページに何十回と
ペンを走らせ、1992 年内に Close（調印）できた。調印と新年
を会議室の冷蔵庫に用意しておいてくれたシャンパンを抜い
て祝うと、階下に待たせておいたリムジンで、North Bergen
County の自宅に戻った。その年度内の案件にするべく、年末
ギリギリまで間に合わせて案件を仕上げる事が多かったので、
NY 時代に４回年越しをした内、２回は弁護士事務所で新年を

迎えた。

　年明け、これも慣例となっていたが、関係者が集まって Closing Dinner（調印を祝う夕食会）が開かれた。Agent 行がレストランを選ぶことになっていて、今回は、クリスと相談の上、Le Cirque というフレンチレストランを選んだ。どれ位飲んだか覚えていない。厳粛なスピーチと乾杯で始まったディナーは、クレープシュゼットの炎に刺激されたのか、半分乱痴気騒ぎに発展して終わった様に記憶している。格式高い店側には相当迷惑であったと思う。

　一通り終えて時間ができたので、9月に産まれた娘の出生届のため領事館を訪れたところ、"3ヶ月を過ぎているので、日本国籍を取得できず、帰化の手続きを取るしかない"と書面を返された。驚いて、外務省の友人に頼み込み、何とか事情を斟酌してもらい処理してもらった。このことは、娘にはまだ話したことはない。

　そして Site Visit が組まれた。NY からマイアミ乗り換えでサンティアゴへ、そしてチリ北部のアントファガスタで一泊。バスで台地の様に広がるタクラマカン砂漠へ、1日掛かりでサイトに辿り着く。本格的に掘り始める（露天掘り用のオープンピットを切る）前なので、試掘用の柱しか見るものはなく従業員用の2段ベッドの宿舎に泊まり、翌日は開発計画の説明を実地

で受けた後、近郊の他の鉱山の SxEw カソードによるバイオリーチングの精錬所を見学した。微生物の力を借り、電極板に純度の高い銅が付着する様は、錬金術を見せられているかの様な感がした。美しい赤銅のカソード板を取り入れた図柄で、この案件の Tombstone（案件の成約を記念して作られる関係者名を記した記念盾）を作ることを決めたのはここでの印象に依るところが大きい。

　サンティアゴに戻り、地元のワインと魚介でディナーを堪能し、再びマイアミ経由の長いフライトで NY に戻った。隣に座ったクリスから、CITI の内情を愚痴の様に聞かされ続け、折角の美味しい一連の機内食も十分味わえなかったが、その後10年も経たないうちに、まさか、自分の銀行も同様の境遇に陥るとは、この時には想像すべくもなかった。

　暫くして、Milbank のオペラ好きでもあったリチャードからお誘いがあって、MET（メトロポリタン歌劇場）へマダムバタフライ（蝶々夫人）を観に行った。Rudel 指揮の MET らしい豪華な舞台ではあったが、出演歌手のことは詳しくは覚えていない。ただ、スピントを効かせた病んだヴィオレッタの力強さには、驚かされたことが印象に残っている。4000席を超える空間を満たすためには必要であったのかもしれない。幕間に中2階のテラスで食事をしたり、プラスティックのグラスに注がれたシャンパンを片手に、想い出話に花を咲かせた。第2幕後の

休みにふとリチャードは漏らした。「ジェルモンの気持ち、よく解るよ……」と言いかけて、言葉を飲み込んだ。

あの頃はこうした形の接待は一般的であった。

それから 1 年位経って、2.26 事件と言われるワールドトレードセンター地下爆破事件の混乱があった後、リスクを取るのを恐れ物事の判断を避ける、無為の新支店長の気を日頃から損ねていた自分は、「太平洋を越えて香港に飛ばしてやる」との発令で、NY を去ることになった。その後 1 年もしないで、米人のチームメンバーより香港で 10 通余りの手紙を受け取ることになるが、転職後の新しい職場での活き活きした活躍の様子が伝えられていた。彼らとはそれからも、そして今でも友人である。

アルカイダの関与が疑われた爆破事件に懲りた幾つかの日系他行は、リース契約が切れるとオフィスをワールドトレードセンターより移転させて行った。

CITI のクリスは凝った送別会を催してくれた。彼と部下のハンス、担当のエド、それに私の 4 人で、よく一緒に行ったダウンタウンのバーで待ち合わせ、用意してくれた白いストレッチリモに乗って、ミッドタウンの Sparks でステーキディナーを、ビンテージのコルクがボロボロになった Petrus を開けて合わせて楽しみ、マンハッタンを走り回りながら屋根を開けた

リムジンから夜景を堪能し、冷蔵庫にあったシャンパンを何本も空にした。スカンクやアライグマも出没する郊外の Glen Rock の我家には空が白む頃に、その車で送り届けてくれた。近隣の住人からは後日、"一体何だったの？"と聞かれたことを思い出す。

　子供の夏休みに合わせて一旦家族を日本に戻し、出発までの 3 週間余り、アッパーイーストサイド 70 丁目に有った Westberry Hotel から通うこととなった。同区画にあるフリック・コレクションでの絵画との対話に、頸木から外れた時間を振り向け心を遊ばせた。

"付記：NY 断章"

　香港に移動する前に、1 つ書き加えておきたい経験がある。

　独立電力供給会社に関連する発電プロジェクトが当時活況を呈していたことは先に触れたが、その分野では 7 件、計 17 億ドル余りの Arranger 兼 Agent 案件を取りまとめることができた。恐らく、同期間では全米で最も多かったであろう。

　チームメンバー皆が 1 つのゴールをシェアして結束をしていた結果であるが、それを構成する "人" に恵まれたところも大きい。中でも、業界にネットワークを持ち、人望も厚かったマイクの働きには、目を見張るものがあった。彼とは現場をドラ

イブして廻り、夜道で鹿をはねて立往生したことも、怪しげなモーテルで一夜を明かしたこともあった。

　要所を突いた提案で、目の前に現れる案件は殆ど手中に収めることになった。

　ただ発電所案件でも、社会厚生により資する "Waste to Energy" と呼ばれる廃棄物処理発電所の案件では、幾つか採上げを検討したが、燃料となる廃棄物を供給する自治体に一定の質を保った量の安定供給をコミット（保証）させることが難点となって、在任中には結局、実現するには至らなかった。

　或る時、その点を現場を見て検証して欲しいとの NY 市の要請で、建設予定地を見学に訪れる誘いがあった。サイト（現場）は、ブロンクスにある汚水処理場に隣接するゴミ集積場に位置していたので、その段階で断ってしまう選択肢もあったが、社会的ニーズが大きく、将来的にも潜在需要の大きい分野でもあるので、又、同市とのその後のパイプの構築も展望し、応じることとした。

　1990 年代初頭の荒れた社会情勢の中で同地区へ足を踏み入れるには、相応の覚悟と準備を必要とした。身の安全優先、無事に戻ることを大前提に、時間を午前の早い時間に設定、保険を多目に掛けてレンタカーを調達、発電プロジェクトでは相棒のマイクと 2 人で、約束のその日に、マンハッタンを北上、現地に向かった。ネクタイは外し、ジャケットも脱いで、ハンド

ルは無論、彼に委ねて。

　その日の天気予報では、朝方まで雨は残るもののその後は回復に向かうとのことであった。マディソン・アベニューをゆっくりと、クロスするストリートの番号が増えるのを数えつつ、直進する。暖房用のスチームが路面より立ち上り、通勤途上の人々が足早に行き交うオフィス街を抜け、居心地良さそうなカフェやブティックも顔を出すアッパーイーストサイドを越えるとやがて、道行く人々の身なりも変わり、道沿いの建物に落書きが目に付く様になる。何時の間にか125丁目を過ぎて、ハーレムに入っていた。

　フロントガラスに付いた細かい雨粒をワイパーが行儀良く擦り取る合間を縫って、次の信号の色を確かめつつ、交差点で引っ掛からない様に、マイクはアクセルの踏み込み具合を調整しながら車を進めた。交差点の角々には、パーカーのフードで頭を包んだ男達が数人ずつ群れている。気付くと、右すぐ脇に車が静かに併走している。声を殺しながら、

「Ryu、目を合わせるなよ」と、

　マイクが囁く。

　我々を侵入者として無害か否か見定めていたのか、獲物として値踏みをしていたのか。相手にする価値がないと判断されたのであろう。次第に距離を取って、後方に姿を消した。

　以前友人より、“マンハッタンは柵のない動物園だ”と評す

45

のを聞いたことがあった。住民はそれぞれ同族意識を持った集団毎に地域社会を作って暮らしている。自ら、相互認識に沿って暗黙の柵をつくり、それぞれの共同体を形成し、独自の生態系を成している。他からの干渉や束縛を排し、主体的にライフスタイルを選ぶべく、それを担保する自由を尊重する。彼が加えて言うには、"マンハッタンは米国ではないと同時に、米国の縮図でもある"と。

　ハーレムを無事に抜け、川を渡るといよいよ、当時全米で治安が最悪と言われたサウスブロンクスに入る。見事な装飾がファサードを飾る入口が並んだネオルネッサンス様式の建物には、原色のペンキで余すところなく落書きが施されていた。程なく"ヤンキー・スタジアム"と矢印で表示された方向と反対方向にハンドルを切り、海に向けて走らせる。ダウンタウンを発ってから小１時間は経っていたであろうか。灰色に平たく広がる幾つかの区画に切られた広大なプールの様な風景が目の前に広がった。その脇には、高いポールの様な煙突を備えた焼却施設と、積み上げられたゴミの山が規則的に幾つか並んでいた。

　管理棟の前に車を駐め、入口のドアを押すと、レセプションでディベロッパー候補のＣ社の担当者と、市の職員が出迎えてくれた。汚水の濾過、浄水する過程や沈殿物の分析結果、及び、ゴミの搬入・選別の手順、焼却灰の埋立処理についての説明を現場を周りながら一通り受け、濾過しても濾過し切れない

もの、焼却しても焼却し切れないものが残ることを実感しなが
ら、昼前には発つことができた。

　不思議なことに、マイクは緊張しつつも、何処となく楽しげ
に落ち着いてハンドルを握っている。
「昼メシどうする？」と尋ねて来た。
「どうするって、オフィスに戻ってからにしようよ」と返すと、
「実は」と切り出して、
「この近くに美味しいイタリアンの店があるのだけれど、折角
だから寄って行かない？」と。

　返答も待たずに「兎に角、任せろ」との言葉に従っていると、
車は突然、緑豊かな住宅地に迷い込んだ。租界の様なその地区
の街角に立つ背広姿の男達とイタリア語で数語交わしただけで、
更に奥への侵入が許された。

　瀟洒な、しかし入り易い一軒家のレストラン近くの路上に車
を駐めて、予約されていた席に案内されると、
「先ず、注文をしてしまおうよ」とのことで、シャルキュトリ
を前菜に、彼の薦めでカネローニを頼んだ。緊張感からすっか
り解放されていたマイクは、上機嫌に、話し始めた。炭酸水で
喉を潤しながら。
「俺も、此処、久し振りなんだけどさ、恐らくイタリアンでは
NY で5指に入ると思うよ」と。

　イタリア人街が自治区の様にブロンクスにも残っていて、安

全で平和な暮しが営まれていることを、移民3代目の彼はよく知っていた。今回の現地視察も半分、否それ以上に当初より、ここでの食事をすることが目的であったのかもしれない。ゴロッとした粗挽肉の詰まった、こげ目の付いたモチッとした衣に包まれた食感と、ペシャメルソースにトマトの酸味が加わった食べ合わせは、それ以降も、それ以上のものに出会ったことは無い。

　ワインこそ合わせられなかったが、堪能して店を後にすると、元来た道を同じゲートまで戻り、帰途に就いた。イタリア語の飛び交う公園では、乳母車を引いた母親が子供達を自由に走り廻らせていた。マンハッタン内では見ることのない光景である。言われて気が付いたが、街の角々に立つ背広姿の男達の腰にはガンベルトが垣間見え、正に、自前ポリスの役を担っているのであった。

　途中、赤信号で停車した際に、汚いスポンジで窓を拭かれ、通行料を10ドルばかりぼられたが、夕刻前には返車を済ませ、オフィスに戻ることができた。同僚達は無事の帰還を歓声を以て祝ってくれたが、秘かな楽しみは伏せておいたままにすることにした。

　マイクはそれ程の美食家で、マンハッタンの中の名店も、案件調印のクロージング・ディナー毎に楽しむ機会を共にしたが、家庭でも名シェフであった。

　アメリカの家庭では必須の、バックヤードで用いるバーベキュー用具の品揃えや、部位毎の肉の焼き方、特にスペアリブの漬け汁の作り方や火の通し方について、自宅に招いて教えてもくれた。同じノースバーゲン・カウンティーに住み、家が比較的近かったことも幸いした。

　又、週末に車で販売に来る魚屋を紹介してもらい、大西洋で揚がった大振りの平目の切身、ボストン湾で採れたロブスター、そしてソフトシェルクラブも度々購入して、彼に教わったレシピで、自宅で自分も台所に立った。

　ただ、小振りでもそれなりの大きさのあるターキーは、オーブンの火入れが難しく、3回自宅で迎えたイースターで、まともにでき上がったのは1回のみであった。パサパサになった肉をグレービーソースの味で胡麻化しながら、家族で祝ったものである。数日かけても食べきれない量の肉を、サンドウィッチに挟んだり、刻んでチャーハンに入れたり、たいらげるのには1週間を要した。

　共に住むカウンティーの北の奥には、広い敷地に城の様な邸宅が建ち並び、ウォーターゲートで引責した元大統領も居を構えていた。マイクに教えてもらった、ラムゼー・インやホーホーカス・インという地元の住民に支持されたレストランも美食を提供し、我々もベビーシッターに子供を委ねてその一端を楽しんだ。奥まった席で、ニクソン元大統領の寛いだ姿に出会う

ともあった。

　結婚後足が遠のいたとは言え、彼はイタリアオペラも好みで
あったし、友人にも多くの個性豊かなファンがいた。カーネギ
ー・ホールでのカレーラスの病後復帰公演では、歌舞伎の掛け
声よろしくイタリア民謡をせがみ、アンコールで1時間近くも
歌わせていたし、MET でのパバロッティの減量復帰公演では、
ナンシー・レーガン元大統領夫人の臨席に、（強い米国を演出し
た敬意から）舞台を背に出演者に対して以上に拍手を送ってい
た。

4.

順徳ハイウェイプロジェクト案件

「どうする？　このまま Underwrite（引受）金額をそのままにして参加行への Part out（ローン債権の譲渡）が上手く行かなかった時には当行で残りを全て Under take する（引き取る）か？」Hopewell（ホープウェル）社の順徳市での Highway 建設に関わるプロジェクト向け資金 10 億香港ドルのファイナンスをシンジケート団を組んで用意するマンデート（業務委任）を得た当行は、銀行市場のアピタイトを Tap（関心の度合いを調査）して、その興味の弱さに少し驚いていた。対象プロジェクトの全資産（関連契約も含む）を全て担保に取り、プロジェクトを活きたまま引継ぐ権利を確保し、そこからのキャッシュフローを引当てに回収をして行くのがプロジェクトファイナンスである。

　貸手である銀行が取れないリスクは、スポンサー、建設会社、オペレーターはじめプロジェクト関連主体に分散して取らせるべく、契約を結び、その契約総体をアサイン（譲渡）される契約を結ぶ。要は生きたニワトリを担保に、それが産む卵を Cash（お金）に替えてローンを回収する仕組で、いかに元気に生かせて、多くの卵を継続的に産ませるか、との環境・条件づくりを、養鶏業者全体と一緒に取り行う様なものである。鶏を殺してしまっては終わりである。鶏肉を処分価格で売る事態は最後の最後の手段で、殆ど何の価値も残らない。

　事業性が良いプロジェクトはスポンサーの保証を限りなくゼロに近い形態にしても、ファイナンスを組むことが可能になる。

いわゆる、ノン・リコースローン又は、リミテッド・リコースローンと呼ばれるものである。米国等で一般化しつつあった手法であるが、1990年代にアジアへの欧米企業の進出のトレンドを受けて、次第に適用される道が探られていた頃でもあった。

発展途上の将来の、成長が見込まれる香港の裏庭、広州に位置する順徳市の有料道路開発案件の経済性が優良であることは、そのFeasibility Studyからも一目瞭然であった。当時、ハイアールがその拠点を置くことを決めた地でもある。

ただ、その頃の香港金融界ではそうした事業金融への理解を得ることは難しく、その事業主たるスポンサーにその会社の信用に拠ったコーポレートファイナンス（企業向貸出）としてファイナンスを提供することが一般的であった。

NY支店より飛ばされて来て、香港で大手華僑との取引を開拓しろとの命を受けた小職に、一朝一夕で入り込めない彼等との取引への糸口を見出すことは至難の業であった。

そこで、彼等がスポンサー（出資者）、ディベロッパー（開発事業者）として手掛ける大型開発案件に対して、そのプロジェクト毎に経済性を分析して、より有利な条件で大型のファイナンスを提案するというアプローチを試みた。先ず会ってもらうことから始め、情報を入手するだけでもやっとのことで辿り着き、そこから対象開発案件に合わせた提案書を用意し、プレゼン（提示・説明）して、交渉に持ち込むという、プロジェクト

ファイナンス組成のアプローチを辛抱強く繰り返す他はなかった。

　多くの華僑系香港財閥は、最も手短かに儲かる不動産開発案件にその力を注いでいたが、中には Hopewell 社の様に、本源的経済価値を産み出すインフラ関連事業の開発に力点を置くグループもあった。このグループの総師、Sir Gordon Wu（サー・ゴードン　ウー）とはその後インドネシアの Tan Jung Jati（タンジャン　ジャティ）B 発電所、電力子会社 CEPA 社の米 Southern Company（サザンカンパニー）への売却、パキスタンの Keti Bandar（ケチバンダール）発電所案件、そしてバンコクの高架鉄道案件等を通して、親しくお付合いさせて頂くことになる。

　最初に成就した案件は、先に触れた広州順徳市の有料道路開発案件である。プロジェクトファイナンスの手法を適用し、プロジェクト関連アセットをそのまま Security Package（保全資産）として担保設定しながら、未だノンリコースの理解を得られていなかった金融市場では、親会社の Corporate Guarantee（会社保証）を付してファイナンスを組成しようと言うことになった。金利はその分純粋の Corporate Loan（企業向け貸出）より低目に設定したのだが、それが裏目に出た様であった。

　10 億香港ドルを引き受けて、他行の興味を聞いてまわったところ、当行内の決裁条件である自行の Net Take（最終引取額）2 億香港ドル迄 Sell down（販売）する見込が立たない。売却で

きる迄の時間延長の条件変更稟議を繰り返し出しつつ、最終的にはファイナンス組成を諦めるかとの決断を迫られるところ迄来てしまった。

Hopewell 社の副社長の Eddie Ho（エディーホー）氏と、中環のグロースタータワーにあった当行支店の応接間で、他にシンジケート団に参加する可能性の有る銀行の票読みを算段していた時のこと、悩む小職を気遣って、Ho さんが、「金額を減じても良い」との主旨の発言をされた。自分はそれに対して、「一旦 Underwrite（引受）したのだから、自行分の引取額が多くなっても完結させる」と反射的にきっぱりと答えた。Best effort base（最善の努力ベース）の引受なんて、引受では無かったし、案件の筋には自信があったからである。

これが契機となって、同社よりは信頼を得、その後の幾つもの大型案件での協働に繋がることになるのだが、実際に売却できたのは、案件を一旦調印した後、香港案件でアセットを積増したいが貸出機能を現地に持っていないという日本の地銀２行に、自行 Portion（持ち分）に Risk Part in（裏で保証を入れてリスク額を下げるという手法）すると言う形で１億香港ドルを Part Out して最終的には達成した。本部からも、支店長からも惨々叱られ、苦言を呈されながらの落ち着かせ方であった。

他方、お陰で、Hopewell 社のオーナー経営者達より次の展開に繋がる信用を得、香港の金融市場でも、大型案件・シンジ

ケートローンを取りまとめる力のある銀行として認知されることとなった。"始めの一歩"である。

　順徳市に Site Visit に行って分かったことであるが、単に貿易港香港の裏庭にある工業団地的存在であるだけでなく、ハイアールも拠点を構えるだけの電力、質の高い労働力等インフラの備わった立地であることに加えて、副社長である Ho さんの生まれ故郷でもあった。市の役員に幼馴染みが多く、必要な許認可を取得するのもスムーズで、何よりも輸出港に繋がるハイウェイを造ることで、故郷に貢献し一花咲かせたいとの郷土愛、自己愛が、このプロジェクトの原動力となっていた。即ち、プロジェクトを成功させるのに必要な関係当事者達の心のベクトルが、全て同じ方向を向いていたのである。後はそのベクトルを契約という紐で、ひとつに縛り、まとめて、太くて強いロープにすれば良いだけであった。

　後日、完工式でテープカットをした際の Ho さんの笑顔と、それを囲む関係者の嬉しそうなお姿が忘れられない。

　新規事業を立上げる際には、事前に考えられる限りのリスク要因をリストアップして、それが与えるマグニチュード（度合い）を、パラメーター（変数）化してリスク要因毎にストレスをかけつつキャッシュフローの Sensitivity（感応度）分析を行う。そこで一定のレンジから外れるリスクを先ずファイナンス・ファシリティーの仕組みを工夫して吸収し、それでも残るリスク

を誰に取らせるのか、取り得るのか、参加チームの構築を行い、それ等を契約書に明記し、穴のない様に交渉して詰めて行く。最終段階では、弁護士事務所で夜を明かしながらの交渉となり、時には積上げると床から腰の高さになる諸契約に調印のペンを走らせる。

とは言え、そうした努力や縛りよりも何よりも重要なのは、主要な関係当事者が共に同じゴールを共有し、そこに向かって達成しようという意志であり、情熱である。途中、想定外のことは往々にして発生する。Force Majeure（フォース　マジュール＝不可抗力）の様な契約で縛れない事態も。しかし、当事者のまとまった意志と情熱のベクトルは、それ等を克服し、契約書を超えて事業を成功裏に導く。

本案件を取りまとめた後、先にも触れた様に、香港でのF銀行のプレセンスは高まって、その後の大型シンジケートローンの Agent としてのマンデート取得に繋がって行くことになった。同時に Hopewell 社の一連の案件で、当行は中心的な役割を担って行くこととなる。

一旦苦労を共にして同じ釜の飯を喰い、成功経験を共に味わうこと以上に、関係を構築するのに資することは無い。どこの世界でも同じであろう。

中国では家族の繋がりを重んじ、毎週日曜日の遅い朝には3世代、4世代の一族が家長を囲んで飲茶（ヤムチャ）を楽しむ風習がある。

香港でも有名な料理店の円卓は、こうしたファミリーの予約で埋まる。自分も真似をして、妻と子供4人とある日、奮発して湾仔にある福臨門で一卓を予約した。チェックリストの様なメニューを見ながら高価なものは丁寧に避けつつ、6人分の腹を満たせる料理を注文した。我々に割当てられたのはトイレに通じる廊下のすぐ前の席であったので、用がある人は必ず前を通る。当日、Hoさんもその中の1人であった。旧友の様に親しく話しかけていらして、小職の家族を紹介した後、家内と2人を奥のテーブル席へご案内して頂き、2卓に陣取っていらした一族の方々を、一人一人ご紹介頂いた。Hoさん一族の方々との知己を得る事ができた。

　勘定を払うべく、ボーイさんに"マイタン（お勘定を）"と合図すると、手を振って、いらないとのポーズをする。フロア長がやって来て、"Mr. Eddie Ho が払ったので、いらない"と説明してくれた。慌ててHoさん一族の席にお伺いし、お礼を述べると「こんな安いものばかりでなく、もっと美味しいものが沢山あるから、次からはそちらを」と半分冗談を交えて、笑って御対応頂き、顔を赤くして頭を下げながら店を後にした。

5.

発電所プロジェクト／
インフラプロジェクト 等を巡って

　NY 時代に、90 年代初めよりの電力民営化の波に乗って多くの発電所建設ファイナンス案件を Agent として組成した。Purpa 法（バーパ）制定により Utility（電力会社）の電力引取義務を課す制度ができ、M 社他日本の商社、GE 等のメーカーが次々にこの分野に参入し、ノンリコースベース（親会社の保証が部分的に留まる）のファイナンスの形態が出来上った。NY 支店勤務 3 年半の間に 9 件の Agent 案件を取りまとめたが、そのうち 7 件（計 17 億 2 千 5 百万米ドル）は、Independent Power Plant（独立電力事業者）、及びそれに付随する設備へのプロジェクトファイナンスであった。

　案件を Close する度に、アレンジメント・フィーとしてファイナンス総額の 2 〜 3 ％を、ローンに対しては基準金利にスプレッドを 1.00 〜 2.50％上乗せして供与するのが相場であったので、銀行にとっては収益性の高い機会であった*)。

　　＊）ファイナンス総額をアンダーライト（引受）してシンジケーション組成により参加行より 1 〜 1.5 ％のアップフロント・フィーを "Praecipium（プレシピアム）＝主幹事手数料" として収受すれば、ファイナンス実行時に享受する手数料収入額は、更に厚みを増す。(p.4 "シンジケート ローンについて" 参照)

　一方で、GE はタービンや発電機を納入するのに加え、そこへファイナンスを付けることで、収益の多面化を図っていた。リースによる供与も一つの形態であるが、自分達のよく知

るリスクでマネージャブル（制御可能）である案件に対しては、我々のシニアローンとスポンサーの出資部分のエクイティーの間に、メザニンローン（中２階）の Tier（階層）を設け、より高いスプレッド（利幅）でファイナンスを行う機会を創り出すことで、収益機会を拡げていた。J. ウェルチ主導の下、GECCという金融子会社を設立し、こうした収益機会を取込みながら、やがて金融事業が同社の中核事業の一つに育って行く。

　小職が香港に転勤になった頃、発電案件は、アジア地域の成長及びインフラ整備のニーズに合わせるかの様に、アジアにも広がって行く動きを見せていた。GE や GECC の知人、弁護士やエンジニアの友人も、時をほぼ同じくしてアジアに経営資源を振り向けつつあったので、香港でも近く付合える距離になっていた。

　NY 時代に培った交友関係やネットワークに、そのまま新任地で助けられる形になった。

　一方で、こうした発電所始め、様々な事業のプロジェクトへのファイナンス組成の経験が活きたのか、プロジェクトファイナンスという仕立てでなくとも、インフラ関連のファイナンス取りまとめのマンデート（委託）を取得するのに役立った。事業の立ち上げ時に考慮すべき諸点や体制の組成の仕方、加えて技術的側面を考慮に入れたファイナンス条件の組み立て方を相手のニーズに合わせて行うことが、少しでも評価されていたの

かもしれない。

　香港には電力会社が2社存在する。島側と本土に続く半島部分とに分けて、電力を供給していることに依る。そもそも条約上では、香港島は英国への割譲、半島側は時限付粗借となっていることが背景にあった。

　香港島側に電力供給する香港電力社は、丁度その頃島の南側に位置するランマ島に大型発電所の増設を計画中であった。その一部の建設資金として、4回に分けて合計29億4千3百万香港ドルのファイナンスを行うことになった。N建設が敷地やヤードの土木工事を請負っていて、何回も船でサイトを訪れたが、極めてよく考え抜かれた計画で、インドネシアのカリマンタンからのLow-Sulfur Coal（低硫黄炭）を運ぶ船のつくヤードとスムーズに荷上げするベルトコンベアーが隣接し、M重工製の最新の脱硫装置が付設された発電所でつくられた電気は、海底ケーブルと香港島を貫くトンネルに敷設されたケーブルで、配電ロスを極小化しつつ全島に配られるというものであった。同社社長のYi（イー）さんは、根っからの技術者で、米州でエア・プロダクト社と行った、その名も“Pure Air”と言う脱硫装置のプロジェクトに関する質問を受けながら、潮風に吹かれつつ現場への訪問を共にした。

　今はリゾートスポットとして観光地化されたランマ島（南Y島）であるが、当時は訪れる人も少なく、漁村に一軒あった食

堂で、ハトの丸焼きを食べるのが楽しみであった。琥珀色にこんがり焼き上げられた身は、味が凝縮されて、パリッとした皮と食感を楽しむのであるが、最も美味しい部分は、ピンポン玉の様な頭の殻を破った中にある脳であった。

　残酷とは思いつつも、箸で突いて割ってつまみ上げて賞味した。同社 CFO（財務責任者）のカリーナ女史からは、"野蛮人"と呼ばれつつも。

　NY 時代に採り上げた Space hub というスペースシャトル実験棟向けのファイナンスを行った経験も役立った。HK Telecom へ通信用サテライト向けのファイナンス提案を行い、"打上保険" を付して 2 件、計 4 億 7 千万米ドルをアレンジした。この時も、NY で一緒に案件を扱った弁護士と保険会社の友人達に助けられた。JPMorgan、Paribas もシンジケーションに加わり、これを契機にその後、この 2 行とは協働して案件をアレンジすることが多くなる。

　親会社の Hutchison（ハチソン社）のトップは、その頃、Schniak（シニャック）というカナダ人から、Canning Fok（カニング　フォック）という香港人に代わったばかりだった。Schniak 氏はエレガントで、少し人と距離を置いて見る様なスパイシーなところがあったが、Hutchison House（ハチソンハウス）内のゲストハウスで、よくお昼をご馳走してくれた。

「こんなものがファイナンスの対象になるとは思っていなかっ

たよ」と言って大層喜んでいた。

　Canning はざっくばらんな多少粗野な感じのする方だった。今でも未だ、李嘉辰の右腕として Hutchison グループの総統でいると思うが、ある時オフィスを訪ねると、嬉しそうに机の左側の壁に掛かる小振りの花の絵を指差しながら、

「これ、ダレの絵か分かる？」と尋ねて来た。

　似てはいたが、まさかと思って

「ルノワール？」と答えると、驚いた様に、

「ビンゴ‼」と返し、得意満面であった。

　日頃の激務の中で、息を抜ける陽だまりをオフィスの内に確保しておきたかったのであろう。

「絵は好きか？」

「大好きで、大学では他学部聴講で美術史を学んだ」、との会話から、何とその粗野人間は美術畑出身であることが判明した。その後、会う時には Business の話よりも絵画や彫刻の話をすることの方が多かった様に思う。

　Canning の紹介で、Hutchison 社の親会社であるチョンコン（長江）社が計画中であった台山発電所へのファイナンスのプロポーザルを持って、李嘉辰に面談しに何回か伺ったことがある。結局、マンデートは HSBC（香港上海銀行）に与えられたが、ファイナンスには参加して、お礼を言われた。因みに彼の秘書は Vivian Li との名前で溌剌とした小気味良い女性であっ

た。似てはいなかったけれど。

　ある時、李氏が私の腕時計を見て褒めてくれたことがある。自分の腕をまくり上げながら

「時計は正しい時間を知るためのもので、装身具ではない。高額な時計を身に着けるのは、自分を本来以上に見せようとする虚栄心からであることが多い」と。

「高価な時計を身に着ける様になったら、その人の成長は止まる」とも。私はその時の時計を今も大事に使っている。社会人になる一年前に買った諏訪精工舎製のクォーツ時計である。勿論ベルトは何回か替えたし、駆動部分も修理した。アチコチに残る傷には数々の想い出が宿る。

　同様のことを、Hopewell 社総師の Gordon Wu 氏より言われた事がある。

「最近の若者は、ヘアカットに高い金をかけて店を選ぶが、俺は、このビル（自社の本社ビル）横の路地にある床屋で、30 分でカットしてもらって 150 香港ドル*）だ。時間や金を掛けても、中身が変わる訳ではない」と。

　　*）今のレートで、3000 円弱

　'97 年の返還を控えて、香港はインフラ整備のプロジェクトが目白押しに進行していた。イギリスは撤退前に、都合の良い名分をたてて、一稼ぎしてから去って行くとの重商主義的去り

方を目の当たりにしていた。"インフラを整備して、美しく使い勝手の良い状態でお返ししましょう" との美辞麗句の下、多くの英系企業が工事をお手盛りで受注し、あちこちで槌音が響いていた。不動産開発案件も多かった。

九龍半島側の電力はペニンシュラホテルも同じグループに持つ Castle Peak Power 社が供給していたが、同社へは、キャッスルピークの地に建設する発電所開発資金を、他の 4 行と共に 5 行でファイナンスを行った。

HK & China Gas（香港チャイナガス）という東京ガスと同じ様なステータスの会社には、6 億香港ドルのシンジケートローンを主幹事として組成した。

最大のプロジェクトは新空港建設案件であったが、これはさすがに HSBC と Bank of China（中国銀行）が中心に組成することになり、当行の出番は無かった。新生香港のシンボルとなる大プロジェクトである。

次のターゲットは、返還後の香港を見据えたもう 1 つの大きなプロジェクトである新空港と、現在及び将来の主要なスポットを貫いて、街の中心の中環（セントラル）を結ぶ新空港線向けのファイナンスとなる。

地下鉄の延長線建設資金を、先のサテライト案件で協働した JP Morgan や Paribas と 3 行でアレンジする機会に恵まれ、その実績をベースに、同社、即ち MTRC（香港地下鉄公団）より、

新空港線プロジェクトのアレンジャー５行の一つに指名を受けることになった。面子は同じく、JPMorgan、Paribas、当行と、HSBC 及び IBJ（旧日本興業銀行）とを加えた５行で、60億香港ドルを組成することになった。プロジェクトの規模に比べ、ファイナンス金額は少な目である。MTRC は駅の建設予定地を決めると、そこの土地、周辺地も含めて、開発権*)を入札で販売、その資金を新空港線の建設資金に充当し、不足分をファイナンスで賄う、という戦略を採ったからであった。同地のディベロッパーはこぞって入札に参加し、特に主要駅の開発権は、大手財閥が高値で落札して行った。同様に、香港に拠点を構える金融機関は、本件ファイナンスに参加しないのであれば、そこで店を構えている意味が無いと言わんばかりに、このシンジケーションは、オーバーサブスクライブ（募集額以上に申込額が集まり）**)されて、成功裏に Close、完結することができた。

＊）香港では土地の所有権は政庁が有し、民間はその使用権を与えられるだけである。
＊＊）結果、相応の収益を得た。（p.4 "シンジケート ローン"参照）

さすがに公団的性格の強かった同社の調印式は地味で、ホテルを会場としたものの、簡単な祝杯を挙げただけで終わった。後日、引退が決まり、Morgan Stanley へ顧問として転出が決まっていた MTRC 総裁の Roger Moss（ロジャー モス）氏と CFO の Jimmy Law（ジミー ラウ）氏を交えマンダリンホテ

ルのマンワー（文華）というレストランで昼食を共にした時の
こと、両氏共に、同社の体制も返還後の変更を見越して、ひと
仕事終えたこのタイミングで帰国及び移住を考えていることが
話題に上った。その時は、悲観的過ぎると受取っていた自分の
印象も、今となっては楽観視し過ぎていたことに気付かされる。

　余談になるが、当時、MTRC は、単位距離当たりの輸送人
数で世界一、収益力も高く、創出キャッシュフローも極めて潤
沢であった。その頃から Octopus（オクトパス）と呼ばれる日
本のパスモの様なカードが普及しており、ダイナミックプライ
シングの導入がなされていた。密な人の流れをスムーズに吸収
移動させるべく、流れに沿って、乗り換えし易い構造に設計さ
れた駅と、密なダイヤグラムが用意されていた。全駅にわたり、
ホームとレールは厚いアクリル板とホームドアで仕切られ、安
全上の配慮も厚かった。

　香港では、中華正月の前後に、Annual Dinner という形で、
企業が従業員や顧客を招いて、盛大な食事会が催される。当然
ながら中華料理で、各企業は自社のプライドを賭けて、豪華な
コース料理を振舞う。名品珍味、次々に、これでもかと言う位
に供され、時には苦痛になる程であった。

　ユニークなものでは、発券銀行でもある恒生銀行主催の"ス
ネークディナー"はデザート以外の全てがヘビ料理で供される。

冬の寒い時期に食すると、体が温まり、風邪を遠ざけると言われ、街中のレストランでも人気の料理としてメニューにのぼり、ヘビ料理専門店の書き入れ時にもなる。食通の現地の友人によると、海、陸、山の３種のものを共に、細切りにシュレッドしたものをスープにして摂るのが一番美味しい、とのことである。特に一年で最も寒いこの時期に。そのスープに始まり、そうと言われなくては分からない形で、肉団子であったり、白身魚風の野菜炒めであったり、様々に趣向が凝らされた一皿一皿を一通り平らげると、一年分の効能が身体に蓄わえられるとのことである。一昔前には、とぐろを巻いた形で丸焼きにしたものが一卓毎に供され、皆で箸で身を突いて食べていたこともあったのだと言う。

　旧正月の催しとは別に、秋も深まり、藁縄で縛られた上海蟹が店頭に並び始める頃、香港熊谷組のWu社長より各主要取引先宛に、上海蟹ディナーの招待状が送付される。戦後間もない香港の地で、水を確保し、安定供給するためのインフラ建設を日本の建設会社が請負い、数々の苦難の上に完成させた史実を描いた「香港の水」というテレビドラマがある。その中で、日本の建設会社の下請けとして活躍し、現場のチームをまとめて難工事を成功させたのが、この方である。ドラマの中では前田吟が役を演じていた。主人公の日本人エンジニアの現地の女性とのロマンス、大戦中の日本の影も交えつつ、よく仕上がっ

たドラマであったと記憶している。その後、のれん分けを受け、社名はそのまま使用しつつ、香港の独立した地場の会社のオーナーとして、活躍されていた。

　ご自身のご経歴から、現場が好きで、現場で働く末端の人々を大事にされていた。元々このディナーも、日頃高価なものを口にすることができない、取引先の前線で働く担当者を労うものであった。日本の会社の風習をよく知っていて、車で来る客には、予め取り分けた蟹と会食中に供されなかった蟹の足とを別途包み、「運転手に」、と渡してくれる程の気の使い様であった。であったので、我々担当者レベルが招かれると、通常は車など付かないのであるが、銀行支店付の車が迎えに来て家迄送ってくれるのであった。

　上海蟹のオスは身がしっかりして脂が乗っている。メスは卵をかかえて、その卵が独特のコクを持って口の中で弾ける。それをビールや紹興酒で喉に流し込むのである。一杯手の拳程しかない蟹は400〜500香港ドル（6,000円）以上の値が付く。生きたまま縛られ、蒸された蟹が円卓の中央に、大皿に積まれたまま配られ、それを客1名毎に椀子そばの如く、席の横に立つウエイトレスが客の好みを尋ねつつ手際良く処理し、客の前に置かれた皿に食べ易い様に盛るのである。先ず、惜しげもなく脚を落とす。メスは卵が、オスは脂の乗った身が突出る様に剝かれて皿に並べられる。味噌が一杯詰まった甲羅もその横に置

　かれ、スプーンで掬いながら、卵や身をむしり喰う。他に出されるものは、おつまみのピーナッツと漬物（ザーサイ）、締めの粥以外には無い。ただひたすら蟹に集中し、最も美味しい部分だけを狙うのである。殻に残る身をキレイに食べようと思ってはいけない。次々に蒸された蟹が卓上に運ばれ、山が低くなることは無い。

　ただ自分で殻を剝く手間がないので、会話は弾む。Wu社長は女性が好きだった。隣に若い女性を座らせ、肌に手を置きつつ、流暢な日本語で、色々と体験談を聞かせてくれた。仕事に関係しない、誰もが自由に出入りできて楽しめるバカ話で大いに盛り上がって日頃のウサを晴らすのであった。

　コレステロールが相当含まれているせいだろう。3〜4杯食べると如何にも腹も一杯に、おでこの周りが重くなるのを感じ始める。それでも雰囲気に任せて、5〜6杯迄は頑張るのだが、そこ迄である。話によると、それ迄で、10杯迄行った人は数える程しかいないとのことではあった。

　先に触れた様に、この日ばかりは、銀行の社用車が待っていて、同社担当の部下と2人、自宅迄送ってもらえるのであった。無造作に落とされていた脚は列を成して美しく並べられ、卓上に食べ切れずに残された蟹数杯と共に、立派なパッケージとなって、レストランのウエイターより、運転手にお土産として渡される。運転手の方々にとっても、年に一度の楽しみの日なの

であった。

　この会社を担当していた部下の Alan Chan（アラン チャン）は、とてもユニークで面白い奴であった。そもそも、小職が NY より飛ばされて、香港支店に着任した際に、大手華僑財閥系の企業、及びプロジェクトの取引を新たに開拓するという目的で、新しい渉外グループを立ち上げることが、使命として与えられていた。着任時に席に居たのは、新たに採用されたばかりの女性の渉外担当2人と、他グループより配置換えになった、アランと女性の秘書の4人であった。渉外担当の女性2人は、事前に、人事担当の香港人 George と副支店長が採用を掛けて、準備しておいてくれた優秀な若手であった。

　1人は色白の香港大学出の秀才、もう1人は米大学に留学した浅黒い肌のお嬢様風のおっとりした女性で、秘書の Amy（エイミー）もよく気が付く小まめで有能な可愛い若奥様であったので、当時多少なりとも落ち込んでいた自分にとっては大いに励ましとなっていた。

　夏休み時期の転勤であったので、家族は一旦日本の家内の実家に戻り、1人で NY からの荷物を解かなければならなかった。総務担当課長の温かい計らいで、少し予算をオーバーして大家族用にやっと見つけたアパートに、日中の業務を終えてから戻り、段ボール箱を一つずつ崩し、片付けて行く作業が始まった。汗だくになりながら、21時から始めて2、3時迄、それから

暫定宿のホテルに戻り、8時に出勤するとの日々が一週間続いたろうか。やっとベッドの上に何も無くなって、自宅となるアパートより通える様になった頃である。色白の女性が突然、辞表を副支店長に提出して去ってしまった。

　NY時代も通して、その後も含めて、自分の部下が辞めるのは、それが唯一の経験であった。大分慌てたものだが、その女性は配慮深く、人事担当のGeorgeに真意を伝えていた。それで、自分の管理不行届を疑われることは免れることになるのだが。要はアランが彼女に、今で言うセクハラまがいのことを行ったのが原因であった。

　アランは別の渉外グループで課長の言う事に従わずに、自分の担当課に廻されて来たのだが、ひょうきんな性格で頭も人慣れも良く、着任早々の自分に対象となる香港の企業情報やビジネス環境について、外訪の行き来の合間に掻い摘まんで、分かり易く説明してくれるのであった。彼の責任を問い辞めさせると息巻く副支店長とGeorgeとを宥めつつ、彼の身を自分に一任することで、アランには自分の下で、力を発揮してもらうべく2人には頭を下げた。

　立ち上げ後、多くの時間を経ることなく、Hopewell社のナンバー2である実権者のHo副社長と直に話す場を得、そこでの実績がその後の展開に繋がった経緯は先に触れたが、そのお膳立てをしたのは彼である。不思議な雰囲気を、その愛嬌のあ

るしかし頑固な性格から発散しつつ、"こいつといると何か良いことありそうだ"と思わせる魅力を放っていた。

　Tycoon（タイクーン）と呼ばれる現地の大物が面白い奴と認めた証に、先の Hopewell 社の他、恒隆集団（Hang Lung 社）の Ronnie Chan（陳啓宗）董事長、Kerry Group の総師の Robert Kuok（郭鶴年）氏とお会いする機会は少なかったものの、その片腕の元 DBS 頭取だった番頭さんとも言うべき Alan Chan 氏（同名）、恒基兆業地産（ヘンダーソングループ）の統師李兆基（リショウキ）氏等とも親しく付合える関係を持ち込み、夫々1億8千万〜4億米ドルのファイナンスのシンジケーションをアレンジする機会を得る迄に道を開いた。

　現地の企業は、大企業とは言え、組織はシンプルで軽く、会う価値があると判断すれば、意思決定権者と直談判する機会を時を経ずして与えられる環境にあったことも、背景の一つにあった。

　皆、夫々、中国本土から離れ、一代又は先代より引継いで企業を築いた第1、第2世代の経営者で、何らかの教訓、情報を得られない面談は無かった。季兆基氏は英語を殆ど話さない。財務担当役員が通訳して会話は進むのだが、終始笑顔を絶やさず、自身の苦労話も楽しそうに語る。金は天下の廻り物だと強く信じ、弱い人や若者を援助することの大切さを何時も説いていた。その後香港大学にも多額の寄付をされ、その時建てられ

たコンファレンス用のホールでは、数々の学術発表やコンサートが行われている。同社へのコミットメントライン設定の調印式で贈ってもらったモンブランの銀枠のサイニングペンは、今も同氏の教訓を思い出す糧として、手元に置いて愛用している。

☑ 発電プロジェクトの一例

- ・ディベロッパーが中心となり、各分野のアドバイザー、コンサルタントを用いながら関係各主体と交渉し、コンソーシアムを組成する。
- ・プロジェクトが円滑に、不測の事態が発生してもショックを吸収して運営が継続する様に、関係各主体とプロジェクトカンパニー間で夫々の契約を結ぶ。これ等契約は単体ではなく、相互に関係し合い、責任・リスクを負担し合い、補完し合い、支え合う。
- ・このコンソーシアムを一まとめの大きな事業と捉え、関連契約をも含めた全資産・権利に譲渡予約権を付し、プロジェクト全体を担保として必要な資金を供与するのが、プロジェクトファイナンスである。
- ・通常、事業会社が当該事業を自力で行う時は、自らの保証を貸手に差し入れるが、プロジェクトファイナンスの場合は、コンソーシアムメンバーのカバーし切れない一部のリスクに対して、限られた負担だけに留まる。プロジェクトが大きくても、連結せずに、自社の B/S から外れるので、事業主体となる事業会社にとって財務負担も少ない。

☑ プロジェクトが産む資金配分（Water Fall ／滝と呼ばれる）

プロジェクトが産む資金は、以下の順に充当される。

```
必要経費
    運転資金
    メンテナンス資金          ➡ 健全なプロジェクトの維持
    オペレーターへの支払い
元利金の支払い               ➡ 借入返済
投資家への配当
最後にスポンサーへの配当*)     ➡ 収益の分配
```

*）経済的に懸念が残る場合には、Escrow Account（中立的第三者の
管理する口座）を設け、配当せずにそこに資金をリザーブして、必要
経費及び元利金支払いに充当するといった仕組みが導入される

☑ プロジェクトの運用期間終了時の対応について
下記の方式が一般的

BOT（build operate and transfer）
スポンサーが建設をし、運営をし、期限（17–20 年）に別の事
業者*)へ譲渡

*）候補として：地方公共団体、電力会社、土地所有者、他の事業主体、
インフラファンド等

BO＋解体（build and operate）
スポンサーが建設をし、運営をし、期限に解体整地し、元の土地
所有者に戻す

BT（build and transfer）
スポンサーが建設をし、完成時に別の事業者へ譲渡。譲渡先は
BOT と同様

☑ 発電プロジェクト関係者図（一例）

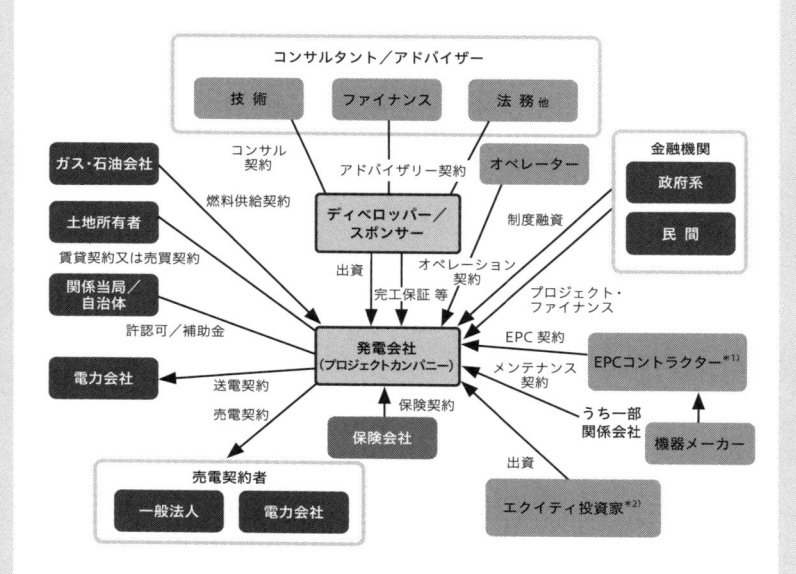

※1）EPC コントラクター：エンジニアリング（設計）、プロキュアメント（部品調達）、コンストラクション（建設）をまとめて行う主体
※2）スポンサーの投資効率を上げるため、出資対象を匿名組合形式にして、投資家を募ることが多い。

6.

或る香港財閥と
（Gordon Wu さんとのプロジェクト）

　90年代の香港は、89年の天安門事件後の相次ぐ外国資本引上によるリセッションから立ち直り始め、海外に散った人々も戻りつつ、97年の返還に向けて大々的に打上げられた数々の大型インフラプロジェクトが活況を呈し始めていた。いわゆる高度成長期にあった。着任時の93年には、出勤時に街中でCoffeeをTake outする店も少なく、まわり道をしてオフィスに向かわざるを得ず、化粧気のない女性達がMTRの駅からオフィスへと向かっていた。海外より香港に戻った人々の持ち込んだ風習に依るところが大きかったのであろうか、数年の内にあちこちにシャレた"Café"が出店し、口紅を引いていない女性を見掛けることは少なくなった。化粧やモードが社会の表現と重なるのであれば、香港は社会が変容して行く過程にあった。4人兄妹の末娘で財務担当のサンホンカイ　プロパティーズ（Sun Hung Kai Properties Ltd.）のAmy Kuok（エイミー　クォック）女史も、みるみる化粧が上手になり、ブランド物のスーツで身を固めて応接間に現れる様になった。

　その変わり様をからかったことが災いしてか、在任中には同社のAgent案件のマンデートは手中にできなかった。お付合い頂いたTycoonの方々の中でも、Hopewell社のGordon Wu氏との関係には特別なものがある。副社長のEddie Ho氏との順徳ハイウェイ案件の後、同社との付合は深度を増し、手掛ける案件への意見やアドバイスを求められる頻度が高まった。先

に述べたごとくに、香港は地場での不動産、インフラの開発案件が目白押しで、殆どの大手企業は地元で手早く儲けられるそちらに目を向けていたにも拘らず、Wu さんは、不動産そのものは付加価値を産み出さず、転売による"アブク銭追い"と割り切って、本源的な価値創造力のある、高速道路（広州－香港ハイウェイ）、発電所（広州シャオジャオC）等のインフラ案件に焦点を当てていた。この２件の大型案件を成功裏に仕上げ、次はより発展の余地があり、ニーズが強いアジア諸国へと目を向けていた。発電所はフィリピン、インドネシア、遠くはパキスタン迄、交通インフラは、バンコクの高架鉄道を視野に入れていた。当然そこにはカントリーリスクを伴い、それを制御するべく、IFC*) や JEXIM Bank**) をも巻き込みながら、いざとなった際に政府対政府（G to G）の構図を取れる国際的なコンソーシアムを組成して対処して行くことが必要とされる。

*) 国連傘下の International Finance Company
**) 日本輸出入銀行

　その様な動きを察知して、日本からも商社の Wu さん詣でが始まり、インドネシアの Tan Jung Jati B 発電所は後に、S商事が共同スポンサー兼コントラクターとして参加することになる。ただ、その前には先ず、インドネシア電力庁から開発権のマンデート（委託）を取得する迄の長い屈辱に満ちた交渉過程があった。

　電力チームを増強すべく、Wu さんは甥の Holden（ホールデン）と Princeton 大学の後輩、Larry（ラリー）を新規に雇い入れる。Financial Advisor の肩書きで、彼等とは、時に Wu さんとも、ジャカルタの電力庁を何回も訪れた。或る時は何時間も、その次の時には数十分待たされ、ようやく担当者が扉の奥から姿を現すのであるが、肝心の話に至る迄に、自分の趣味のゴルフの話、好みの料理の話等が延々と１時間以上、時に数時間続く。それだけで終わって帰港せざるを得ない時もあるが、次回は、本人の好みのゴルフクラブを携え話の中で触れられたレストランを予約しての訪問になる。

　Anti Corruption Law（汚職防止法）に反しない様にギリギリのところに留めながら、やっとのことで Concession Agreement*) に辿り着き、開発権を確実なものとした。その上で、S 商事とも契約を結び、日本の輸銀の協調融資を組み入れたファイナンスファシリティー（資金調達の条件や仕組み）の構築を行い、シンジゲートローンの組成に入ることとなった。

　　＊）事業運営委託契約

　当時、インドネシアでは"パイトンⅡ"という大型の発電プロジェクトをM物産が中心となって進めており、それに負けじと、M商事、M社をも含む日本の大手商社は次の大型案件である本件に照準を定めていた。発電プラントの立地に近いカリマ

ンタンで産出される品位の高い低硫黄の高カロリー炭を用い、経済性も頭一つ抜けて良かった。当時のS商事はMnさんとおっしゃる豪放な常務の下に、Sn部長、Hdさんのラインでチームをつくり、Wuさんと馬を合わせていた。続くパキスタンのインダス河口のKeti Bandar発電所プロジェクト（これは計画だけで終わったが）にも興味を示し、永く付合えるパートナーとの理解を得たことが、他社を排すことに成功した最大の要因だったと考える。因みにMnさんは後に副社長になってご退任後は成田空港の社長に、Hdさんは現在S商事のトップに就いている。

　ファイナンスのシンジケーションは、当然当行がArranger兼Agentで組成することになるが、斯の種のファイナンスに理解がありそうだとCo-Agentに選んだGreedy（貪欲）な欧米の2行、CITIとUBSは、より良いプライスを求めて"Spread（上乗せ利幅）を拡げろ、Up Front Fee（組成時に支払われる手数料）を引上げろ"とうるさくわめき立てる。セキュリティーパッケージ（保全に関する一連の諸条件）や、オペレーション（運営）上の責任分担等のクリティカル（重要）な諸点を詰める必要が未だ残っているにも拘らずにである。次第に当行の役割は銀行団側というより、事業主のHopewell側に軸足を置いている様に、彼等の目には映っていたのかもしれない。

　リンクレーターズ法律事務所での何晩にもわたる夜を徹した

交渉の末、リスクについての約定の見通しが立つと、残るのは Pricing（ローンに関わる金利と手数料）の部分である。取って付けた様な理由を見付けては駄々を捏ねるこの共同幹事2行の担当者達の言い分を聞いていると、

「これだけ Lender サイドのリスクを減らしておいて、それ程のプレミアムを更に要求するのか」と、さすがに怒りも心頭に発して来たので、徐に席を立って、別室に移った。別に演出しようと思ってのことではない。ただ、その先に起こることは見えていた。これには事業者側のラリーや Sn さん等もファイナンスが付かずに交渉が中断するかもしれないと焦ったらしいが、暫くして、CITI のジョーと UBS のクリスが別室の私のところへやって来て、

「今のテーブルに乗っている案で妥協する」と言ってくれた。既に2時をまわって、連日の徹夜で疲れて帰りたかったからなのでもあろう。ここでの Up Front Fee（前払手数料）の 0.125％の上乗せが、プロジェクトの成否に影響するものでもないし、リスク対比、マーケット水準を十分上廻るリターンを保証するものであったことを理解した上でのことであったはずであるから。

　無事ローン契約書の条件は確定、合意に達し、キレイにプリントアウトされた契約書は、その2日後に同じ弁護士事務所の会議室で調印する運びとなった。シンジケーションも首尾良く組成され、我々 Agent グループの銀行は、相応の Up Front

Fee を組成時に収受することになる。

　合意をした晩に、カラーペンで書き込みだらけの諸契約書の
ドラフトを置きに一旦自分のオフィスに戻ると、支店長と副支
店長2人、計3人が酒を飲んで待っていた。9月も末近くに差
し掛かろうとしていた頃である。

「オイ赤土、どんな感じだ？　上手く行ったのか？」、酔いの
勢いに任せ、口もきけない程疲れている私に、質問をぶつけた。
「皆心配して待ってやっているんだぞ!!」と。

　空調の切れた室内にどんより漂うアルコールの臭いを避けな
がら、合意に達したので、調印の見込である旨を伝えると、

「ヨーシ、ヨシ!!　これで、今期（上期）の目標は達成だ!!」、
と揃えて歓声を上げて、

「待っていたカイがあったな!!」と。

　シンジケーションもオーバーサブスクリプション*⁾で終わ
り、参加行も含めた盛大な調印式を終えたクリスマスの飾り付
けでショッピングモールが賑わい始める頃、Co-Agent の CITI
のジョーと UBS のクリスと打上げランチをシャングリラの最
上階にある Petrus で共にした。シャンパン代は、ローランペ
リエに拘ったジョーのおごりで。クリスマス休暇の旅行のこと
が話題の中心だったが、

「俺ボーナス30万米ドルもらったから少し贅沢できるぜ」、
「いや俺は40万米ドル」と、景気が良い。

「Ryu は？」と。

「支店長特別賞与との名目で、3万円上乗せされた」と素直に
答えると、驚いた表情で一瞬の沈黙があり、

"You are kidding‼" と言って全く信じてはもらえなかった。

　余談になるが、同じ頃、Su 銀行より強いクレームを受け
た。"S 商事の案件で系列外の銀行が Agent の役割を担うと
は、それ迄の金融界の慣行を乱すものだ"、と言うのがその根
拠らしかった。NY 在駐の同行国際業務管掌の Ht という専務
が S 商事の Mn 常務にクレームを付けたところ、スポンサー
の Hopewell 社の決定に従った迄といなされ、香港に迄 Wu さ
んに面会に飛んで来たらしい。結局会えずに NY へ戻ったこと
を、後から同行の担当者より聞かされた。

　　＊）募集金額対比、参加希望額が大きいこと

　Wu さんとは他にも、パキスタンの電力案件やバンコクの高
架鉄道の件等で、度々会議や出張を共にさせてもらった。イン
ダス河口のサイト（現場）迄、軍の双発ヘリコプターで飛んだ
時は、開け広げた乗降口に下方を睨んで機関銃を構え続ける兵
士が緊張感をいやが上にも高め、ブット首相（当時）の乗るヘ
リも、2機の護衛機に守られて現場に着いた。カラチに戻って、
ホテルでの立食式レセプションで、温められたバットの表面に
浮かぶ分厚い脂の層をかき分けて盛ったラムカレーを味わって

いた時、市内で起きた爆破事件の報が入ると突然出席していた
関係者の1/3程が退席して会場がガランと空いてしまったこ
とも生々しく思い出される。

　本件は政治リスクを担保するための貿易保険の話が長びくウ
チに、ブット首相の選挙での敗北と失脚により立ち消えとなっ
た。

　バンコクの高架鉄道の件では、何回となく同国の鉄道局を訪
問することになるが、権益が複雑に絡み、話の進展は牛歩の如
くであった。新橋での経験から着想を得た、高架下のスペース
を多雨の現地で飲食モールとして賃貸し経済性を高めるとの
Wu さんの提案に、当初沸いた相手側も、用地確保という次第
に手に余る現実に直面して、やる気を失って行った。それから
何年も掛かって、当局の政策変更でサスペンドしたとのことで
ある。

　出張時のフライトで、何回か Wu さんの隣に座ることがあ
った。仕事の話だけでなく、音楽好きの Wu さんとはベート
ーヴェンやモーツァルトの好きな曲についての感想や、演奏家
についても意見を交した。五嶋みどりが香港での演奏会に訪れ
る際は必ず、Wu さん宅に泊まることも知った。

　奥様は元 JAL のキャビンアテンダントで、機上で見初めて

頭を下げて結婚を申し込んだ経緯から、欲しいと言われたものは全て与えなくてはならず、"Expensive Wife"（高くつく妻）と呼び、そのために一生懸命働いて稼がなくてはならないとも。「"One girl friend is not enough, but one wife is too much!!" でしょうか？」と水を向けると大いに受けて、その後暫く、会う度に、このフレーズを繰り返していた。

　Wu さんは、ワンチャイにある本社の隣に自身の設計で最初に手掛けたビルに、ご尊父の名を冠して、"ウーチョンハウス" と名付けた。本土より香港に移民し、自分達兄弟を育て、自分をプリンストン大学に留学迄させてくれた父君を限りなく尊敬していた。友人と組んでタクシー用の車輌を購入し、夜は働きたくない友人が日中、父君が夜中と時間を分けて、一台の車を使い廻し、稼いだお金でタクシー会社を興し、成長させ、財を成したのだそうだ。働くことの尊さ、お金の活きた使い方を見習ったとのことである。Wu さんが身に着けるものにお金をかけているのを見たこともないし、先に触れた様に、路地にある 150 ドルでカットしてくれる床屋に通っていた。

　香港の Tycoon の第一・二世代は、そういう方ばかりであった。

　現地にいる間に Wu さんのお手伝いで手掛けた最後の案件は、同社の電力部門を一社にまとめた CEPA 社[*] を米国最大の Utility であった Southern Company に売却した際に買手と

して用いた Southern 社側の SPC ^{**)}、Southern Energy-Asia, Inc への Acquisition Finance（買収ファイナンス）の組成であった。元々 Wu さんは CEPA 社を HKSE（香港証券取引所）に上場させて資金回収を図り、それを次のプロジェクトのバンコク高架鉄道の開発資金に充てる予定であったが、アジアでの展開を急ぐ Southern 社より強いアプローチを受け、相対での売却を決めることになった。総額 8 億 5 千万米ドルのファイナンスを、当行が Agent、CITI と BOA（Bank of America）とを Co-Agent とする 3 行で組成することとなった。Southern 本社のある Atlanta や同社側の弁護士事務所のある Washington D.C. でも交渉の場を設けることとなり、久々に米国の地を踏むことになった。

　＊）Consolidated Electric Power, Asia Ltd.
　＊＊）Special Purpose Company（特別目的会社）

　Southern 社の社長はハーレーダヴィドソンでオフィスに乗り付けて通勤する様なフランクな方で、同社の担当も南部出身者らしい気さくなコミュニケーションのとり易い相手で、買収ファイナンス特有の、相反する利害関係を多面的に調整する必要があるややこしさにも拘らず、交渉は順調に終わった。

　調印式は香港で行ったが、その席で、同社社長より、同社が会員のコースでのゴルフに招待すると誘われた。自分はそもそもゴルフができない（クラブを振っても、止まっている球に当たら

ない）ので、"残念だが、お断りします" と答えると、先方も大層残念がったが、その場は用意された広東料理に舌鼓みを打ち合い、再会を祈って楽しく終わった。

　翌日案件報告も兼ねてこの話を支店長にしたところ、突然怒り出し
「何故俺に言わない。俺が行く」と言い出した。"オーガスタ" と言うコースは滅多にプレーできるところではないらしかった。未だホテルよりチェックアウトしていなかった Southern 社の社長に、支店長秘書が電話を取次いでお願いをしたところ、
「それは個人に対してのオファーであるので、代わりであれば結構です」とのことで、
「次に何か機会があれば、お会いしましょう」と返されたそうである。その報告を聞くと、支店長は
「取引を私物化している」と更に怒りを顕わにしていた。

　総額8億5千万米ドルのシンジケーションは、アメリカを代表する会社の関連案件でもあったことより、10億米ドルを超えるコミットメントを集め、大幅なオーバーサブスクリプションで仕上がった。

　銀行団組成のため、香港、NY に加えて、東京でも銀行を招きロードショウを行った。成田に着く間際、眼下に、暮れなずむ空を背景に、富士がその影を落としているのを認めることがあった。遠くより観るのが一番美しいと感じたものである。

7.

台湾高速鉄道プロジェクト前段

　1997 年はアヘン戦争終結から 100 年後、香港が中国に返還された年である。同じ年に自分も香港支店より本店に帰ることになった。内示は年初にあったが、帰国後の居住宅を捜すべく人事部厚生課に連絡を取ると（小職には子供が４人いたので）、「そんな大人数収容できる寮などない。そもそも当行はその様な家族構成を想定した厚生制度の設計を行っていないから、勝手に自己責任で帰国後の居住地を捜せ」とのこと。海外より国内不動産の物件を見る様な手段は当時は無かったので、たまたま、父が祖父よりもらって空地にしていた府中の土地に家を建てることにした。住宅メーカーのＳ社が海外より帰国する駐在員向けサービスを行っているとの広告を見つけ、早速相談してみた。懇切丁寧に話に応じてくれ、現地を下見した上で、家族６人用に設計された模型を持って香港迄出張して相談に乗ってくれたのには、目頭が熱くなるのを感じた程である。

　急いで着工日が決まり、９月には住める状態に間に合わせてくれると言う。有難い話である。子供達の９月の新学期にも何とか間に合う。実家の母の力も借りながら、自力更生で準備を進めた。

　思い起こせば、NY への転勤時もドタバタであった。内示を受けたのは、帝王切開で双子を得た１週間後。娘と孫の世話で義母が家を空けている間に義父は持病を悪化させて亡くなった。一方で、新生児が航空機に搭乗を許される半年余りを待っ

て、呼び寄せ合流することになったが、当時、子供の誘拐が多発していた現地では、乳幼児３人を置いても、連れても、大人１人では買い物に出ることは（その地域の法律で禁じられていた）できず、週末に一週間分の食料と生活必需品を買い込むのが常であった。隣人、コミュニティーの方々のご配慮やサポートに支えられ、米国社会の精神的バックボーンに触れることにもなったのであるが。夫婦喧嘩になると、この時の話が持ち出され、収束するのに一役買う。その時の挽回を図るべく、"今回の帰任時は"、とのプレッシャーにも、背中を押された。

　帰任先は、プロジェクトファイナンス部との内示だったが、東京に戻る前に、"台湾新幹線（Taiwan High Speed Rail）のファイナンスアドバイザー取得に向けた準備よりチームリーダーとして参加する様に"、とのことであった。日本の新幹線技術を採用し、日本コンソーシアムを担ぐ台湾のスポンサー兼ディベロッパー役のCDC（中華開発社）に無事プレゼンテーションを終え、マンデートを取得する運びになった。台湾でのビザ取得もままならず、ビザ無し滞在の上限２週間毎に香港から台北に通うことから始まった。香港での仕掛かり中の案件の取扱い、後任への引継、日本への帰任の手続と併行して、片道一時間余りのフライトで小刻みに台北と往復する日々が始まった。

　そんな中、最愛の祖母が92才の生涯を閉じた。大腿骨を折り、数年間入院していた上でのことであった。死亡したのは4

月３日であったが、仕事に差し障りがない様にとの両親の配慮で、知らされたのは９月に帰国後。葬儀にも出席することすらできなかった。両親は個人が公に尽くすのを優先させる考えを持つ、古いタイプの人間であった。

　歩行器で歩くためのリハビリをしていた祖母に、出身地の佐原にある好物の山田屋のうなぎの折詰を持って行った時に見せてくれた嬉しそうな表情が忘れられない。あれだけ可愛がってもらい、育ててもらったのに、何も報いることができなかった自分には、身を切る辛い知らせであった。

　輪銀からもらった皮で装丁された、その年の手帳が手元に残っている。

　香港での Southern 社への CEPA 売却案件をひとまず Close し（取りまとめ）、それに続くバンコク高架鉄道のアドバイスを続けながら、台湾新幹線のファイナンシャル　アドバイザリー業務に入り、自分の個人の引越や帰任に伴う家族の日本での生活スタートに関する諸事も大半は家内任せにしても少しは行いつつ、NY 時代に関係をつくったリオアルゴム社のペルー案件でのマンデート取得を果たす等、自分の日々の動きや “to do” がびっしりと汚い字で記入されている。身体を物理的に３つに分けて、都市間を移動していた様子が思い出される。

　例えば、４月 24 ～ 26 日台北で CDC 向けのプレゼンテーション、香港に戻って、28 ～ 30 日に Wu さんとバンコクへ鉄

道局とのミーティング、再び香港に戻って、5 月 10 日迄毎日、送別のランチか夕食会を主要顧客やともにタッグを組んだ銀行と地元の美味しいレストランで。5 月 12 ～ 15 日台北で日本コンソーシアムとの打合せ、15、16 日も送別会食を近しかった Kelly & Drye 法律事務所の弁護士達と、そして Hutchison 社の Canning と。17 日に東京に一旦帰任後、20 日に香港に戻り、Wu さんはじめ Hopewell 社の皆様とフェアウェルパーティー。21 ～ 22 日だけ台北で、CDC と会議。又香港に戻って後任に引継作業をし、同様に 27 日に再び台北、6 月 1 日に東京へ、といった具合。それから暫く台北駐在で、2 週間毎に週末、東京と往復する生活が続き、12 月はペルー銅山案件でマンデート取得に動き、同 9 日に MTBE 案件で親しくなったM物産化プラ部担当常務 Sh チームの忘年会の後、10 日に NY へ。

リオアルゴム社のブレント、Milbank & Tweed のリチャードと再会を祝う下打合せも兼ねてグリニッチ・ビレッジにある懐かしの Bouley で会食の後、当行の下でシンジケート・ローン主幹事候補の CITI や BOA 等と面談を重ね、組成する銀行団の青写真を作成の上、NY 支店時代の旧部下達も交え、GECC やプルテンシャルの友人と会食をし、13 日に東京経由で香港へ。翌日広州で広東電力局と打合せ、機器メーカーの ABB 社やディベロッパーの Oxbow 社とも会って、香港に戻り、18 日に北京。ここでも電力部や軽工業会とパルプ工場の打合

せをし、20 日に香港。翌日台北へ。CDC や日本コンソーシアムとのすり合せの上、22 日に帰京、と言った動きである。目の前に現れるモグラの頭を全て叩いてしまおうとする心地良い強迫観念に、知らずの間に捉われていたのかもしれない。幸いにも、末子の娘と新国立劇場で"くるみ割人形"を観に行けたことが楽しく思い出される。

　NY を離れる際も、香港を発つ時も、難しい案件で共に苦しみ辛い思いをした友達には、特別な場を設けてもらい、特別な時間を共にして送ってくれた。同じチームの仲間だけでなくテーブルを挟んで口から泡を飛ばしてやり合った相手、タッグを組みながら交渉相手と接点を探り、苦しんだ挙句に良い結果を得たという成功経験を分かち合った buddy（相棒）。異なる組織に属しつつも、同じ舟での航海を共にしたと言う、図らずも互いの人間性を曝け出した付合いができた上での、結果的な縁である。"彼等"とは様々な業種の顧客であり、エンジニアであり、弁護士であり、ファイナンスの組成を共にマネージした銀行家でもあり、何よりも同じチームのメンバーであり、多様な背景を持つ、概して個性豊かな人物であることが多かった。副産物として、夫々の街のザガットやミシュランの Top 30 には入る、凡そ全ての料理店の味とスタイルを知ることもできた。

　話を元に戻してみよう。香港での一通りの引継が終わり、一方で、東京への帰任前に戻る都度に受ける送別の食事会も落ち

着いて来た 6 月末迄には、台北の街の勝手も少しは知る様になっていた。

　F 銀行より 5 人でチームを組んで、スポンサーで我々の雇用主である CDC のオフィスの一画に部屋をもらい、台湾政府の台湾高速鉄道局（BoTHSR）*) 宛への入札書類（提案書）のファイナンスに関わる部分を準備、作成する日々が始まった。チームは基本的にプロジェクトファイナンスの経験を持ちつつ、中国語に長けた者、キャッシュフロー等、ファイナンスモデルの作成能力の高い者等、スキルセットとして顧客の要求に十分応えられる体制で臨み、必要に応じ、本部よりのバックアップを受けるという建付であった。

　*) Bureau of Taiwan High Speed Rail

　CDC のオフィスには THSR Floor なるものが設けられ、技術面のアドバイザーは米国のエンジニアリング会社、ベクテル社が受け持ち、約 20 名の陣容でほぼ半分の面積を使っていた。日本コンソーシアム側は、M重工、K重工、M物産の担当者が常駐し、TS 社、N 信号等の関連する主体の担当は、都度出張して来て参加するとの体制であった。

　メンバーであるべきはずの JR 関係者は、この時は含まれていなかった。フロアのほぼ中央に CDC の THSR チーム約 10 人がスペースを構え、壁もパーティションもない大部屋で、必

要に応じて各チームと機動的に打合せを行いつつ、互いの動き
が見えるやり易い透明な環境で作業は進んだ。

CDC チームのお頭は So さんという人当たりの良くリーダー
シップのある優秀なテクノクラートで、その下に 10 名位、動
きの良い若い担当者が配され、分科会毎の他チームの中にも参
加しつつ、コミュニケーションを潤滑にとりながら、全体を
短期間でまとめるのに驚く程効率的な仕事をしていた。So さ
んの補佐役の女性 Lily さんの動きと配慮は特に印象深く、今
でも理想的な補佐役の一つのモデルとして強いイメージが残っ
ている。このプロジェクトを統括するのは、当時 CDC の No.2
であった Benny Fu（ベニー フー）氏で、国民党の金庫番たる
CDC の影響力をフルに用いて、欧州技術を採用して対抗する
富邦グループと対峙して、ポジション取りの競争を行っていた。

本プロジェクトは、台北から台中、台南の高雄迄、台湾の西
海岸線に沿って位置する、現在及び将来の主要な工業地帯を貫
く動脈としての意味を持っていた。そこに位置する諸企業を有
機的に結び付けながら、技術立国を推し進める同国にとって、
正に国益を掛けた必須のインフラ・プロジェクトであった。当
時既に、台北 – 高雄間のフライトの便数は、東京 – 札幌間のそ
れに次ぐくらい利用者のニーズは高く、更に将来の需要を見込
むと、どうしても鉄路での高速の移動手段の導入が求められて
いた。

　技術統括は先にも触れた様にベクテル社が選りすぐりの技術者より成る大チームを派遣してきていて、Gaudette さんの強いリーダーシップの下、見事な迄に整々とシンクロナイズされて動いていた。CDC と道一本隔てた Holiday Inn に投宿していて、自分もそこに宿をとり、毎朝食を共にしつつ、色々と技術的なことを教えてもらった。

　米州の案件で幾つか協働した経験があったので、そんな個別プロジェクトの話を引張りだしつつ、共通の知人を捜すことから始め、打ち解けた仲になるには時間は掛からなかった。

　システムを乗せる土台を用意する土木工事の難しさ。それにレールと車輌のインターフェースの重要性等、学んだことは大きい。それ等の諸点が工程表（マイルストーン）にどう反映されて、ファイナンス面でそれを如何に吸収・サポートして行くか、CDC の THSR フロアーに都度、場を移して、ファイナンスモデルに組み込んだ。

　入札日の "Day X" 迄、数小節毎に転調を繰り返す楽曲の様な目眩く日々が瞬く間に過ぎ、毎日の凝縮された時間に我を忘れさせられた。

　新駅の建設費用は、駅開設で地価の上がる隣接地を分譲して賄う等の香港 MTR 方式を導入したり、既存の空路の台北－高雄線から移る旅客数をベースとした Traffic（交通量）の見込、ダイナミックプライシングを加味した受容性のある料金設定に

よるキャッシュフローも収支のつじつまを合わせて出来上った。

　忙中閑ありで、昼食や夕食は、CDC の職員の方々と共に、地元ならではのものを食べに行くこともあった。名物の小皿料理や小籠包は勿論、マル秘のレシピでつくられる台朔ステーキ、中国各地の火鍋、屋台で出される燻したグースのスライスしたものを乗せた米粉等、その味は今でも忘れられない。牛肉細切麺はお決まりの夜食であった。

　香港返還式典の中継は、実況放送用モニターが壁に設えられ、対面に地域毎色塗られた"割譲"、"租借"の２つの条約の原本が掲げられた、故宮博物館の一室で観ることとなった。1997年７月１日のことである。蒋介石が国民党と持ち出した数々の小品の見事さと、恥辱的条約文のシンプルさに驚きながら、人もまばらな会場を後にした。建物の外では夏の陽が眩しく輝き椰子の葉が深い影をつくっていた。静けさが際立ち、高揚感は感じられなかった。

　そんな中で、ソフト面の運行、乗務員の教育に関しての打合せが持たれた。"JRT"より Sb さんと仰る常務と何人かが CDC のオフィスに現れ、

「何かを勝手に期待されても困る。JR としては何ら責任を取るつもりはない」、と開口一番に。続けて、

「そもそも新幹線は日本国のために開発されたもので、国民の血税も注ぎ込まれた大切な技術を他国に輸出するなんて論外」、

等と、あっけにとられる面々の前で言い放って帰国してしまった。

　残された日本コンソーシアムメンバーで、頭を突き合わせて次善策を練ることになる。関係する省庁をも動かすことを視野に、座長の M 重工の Nk 常務を中心に、面談のアポ入れ作業から始めた。

　先ず運輸省と通産省。当時両方に影響力のあった Hn 代議士の力を借りて説得を試み、日本の国益に叶うプロジェクトとしてバックアップする旨のお墨付を得、その勢いで "JRT" も引けた腰で協力を検討する方向に収った。

"日本が世界に誇れる技術を、何故に商機として用いない理由があるのか"。又、"それが当該国の Social Welfare（社会厚生・経済発展）に資するならば、何故に活用しないのか"。JR のポイントは、"仮に事故が起きた際に、責任を負わされるのは御免だ"、とのこと。であれば、退社した OB が JR と関係ない別会社に顧われて、運行、整備の指導を行うという形態を採れば容認可能、との線で落ち着いた。

　更にもう一点、解決すべき問題が残っていた。当時中国（中華人民共和国）に気を使っていた外務省が、正式な国交関係を持たない台湾に対して、日本国が開発した技術を正式供与することに対して、"好ましくない" と言い出したのだ。これに対しては、公的主体が関与していることも無く、純粋に民間、商

業ベースの取引であるから、との理由で矛を収めてもらうことにした。

当時の Oc 首相の、電話での各省への一言が、最後の切札となった。ただ、この時は未だ "National Security" の観点からの議論はなかった。

入札迄の台湾当局への説明や売込に、競合先となる GEC Alstom を中心とするコンソーシアムを構成するメンバー各社が存在するフランスやドイツの担当大臣が相次いで台北入りし、トップセールスを行っていたのとは全く異なる風景が、我々の側には広がっていた。

技術的に見て、入り組んだ海岸線をカーブしながら走る路線や、地震も起こり得る事情を考慮すると、日本側の技術が適していることは明白であった。固い平坦な大地を直線的に駆け抜ける TGV の技術は、列車の前後に機関車を付けた Push & Pull（プッシュ　アンド　プル）方式のものでカーブや勾配を伴う路線には合わないはずであった。

更に、この直前に欧州勢が韓国で受注した高速鉄道が上手くワークしていなかったことも、我々にとっては大きな材料として用いることができた。

土木と車輌システムのインターフェースの調整、整合性についても、日本と似た地盤や土壌をベースとする同地では有利な背景となるはずでもあった。

　利用者の増加を展望した増便が見込まれ、停車駅がまちまち
で頻繁で密な運行スケジュールにもダイヤグラムの組み方で長
じている日本のシステムは、圧倒的に有利なノウハウと実績を
有していた。鉄道の本質はシステムにある。事故でダイヤが乱
れた時の修復、修正の能力は、日本の鉄道運営に於けるもの以
上のものは存在しない。

　そして "Day X" を迎えた。

　全てが正しく評価されれば、当然日本勢にマンデートが下り
るもの、第一交渉権は手中に収まるもの、との過信を込めて、
CDC グループは分厚い入札書類を台湾高速鉄道局に持ち込ん
だ。

　発表の日、あまりの意外さに皆言葉を無くした。間違いでは
ないか、何か書類を失念していなかったか、一連のチェック作
業が終わった後は、結果を受け容れるための理由捜し、つじつ
ま合わせの作業が始まった。

　"袖の下が必要だったかもしれない"、とか、"CDC の政治的
な色がマイナスに働いた" とか、"日本国の消極的態度が印象
を悪くした" とか、"富邦グループの女性代表と当局の誰か
が友人である" とか、あらぬ詮索が一巡した後、敗北宣言が
CDC の Benny Fu 氏より THSR フロアーに皆を集めてあった。
その日は、日本コンソーシアムの主要メンバーで、ひと気のな

い台湾料理屋へ飲みに流れた。言葉も少なく、運ばれる皿もなかなか片付かず、八角の香りが重々しく立ち上って来るのを嗅ぎながら、溜息ばかりが個室に響いていた。リーダーのM重工代表のNk常務が、重い口を開いた。

「皆さんご苦労様でした。よくここ迄やったと思う。結果は結果。残念だが、ここで、このコンソーシアムは解散することとしよう」。音の消えた間合いがどれくらい流れたであろうか。

「次は中国本土の新幹線プロジェクトがあるかもしれない。何時になるか分からないが、その時に又、改めて集まろう」と。

ただ、どうしても不合理な結果に、いずれ、技術的破綻が露呈するであろうことは、ベクテル社のガデットさんも強く指摘していたので、自分としては、抑えるものを抑え切れずに、

「欧州コンソーシアムが得たのは、あくまで"優先交渉権"であって、今後の彼等のプロポーサルの精査、デューデリの過程で実現不可能な点が浮出た時は、我々日本コンソーシアムに次の交渉権がまわってくる。その期限迄、長くてもアト１年[*)]、この集まりを解かずにおくべきです」

と強く言い切って、翻意を促した。注がれたまま気の抜けた啤酒を何人かが口に運んだ。同じ思いに堪えていたのであろう。他のメンバー、K重工やJR OB、N信号、M物産等の担当者も口を揃えて賛同してくれた。

Nk常務の口からは、

「判った。帰って社内で掛け合う」と。温んだ啤酒を冷えた瓶に替えてもらい、注ぎつ注がれつ、話題は技術的・科学的な分野に留まったまま、決起の会に変わったその晩は更けて行った。

　そんな訳で、その後 "勉強会" という名の下、コンソーシアムメンバーが、週一回、丸ノ内のM重工ビルの一室に必ず集まり、機を待つことになった。

　　＊）優先交渉権の有効期限は１年であった。それ迄に高速鉄道局との間で
　　　条件が合わなければ、別の、即ち我々 CDC チームへ交渉権が移るとの
　　　規定であった。

　当初は、台湾から伝えられる状況報告、技術についての研究発表等のプログラムが組まれ、熱気は保たれていたが、半年もすると、当時日本が陥っていた不況のせいもあってか、覇気は次第に失われて行った。北拓、長銀、山一が次々と破綻し、銀行は不良債権に苦しみ、企業はリストラを余儀なくされていた時期に重なる。M重工の担当からは
「次の賞与は現金でなく、一部売れ残りのビーバーエアコンで現物支給だってさ」、なんて発言も聞こえた。
「一台買ってくれない？」と続けて。冗談交りに。
　それでも、その後に足を運ぶ飲会も併せて、週一回の異業種交流会は楽しいものであったし、学ぶところも大きかった。後に記すが、銀行内では何もすることを無くした、規則正しい出退社を繰り返しているだけの集団が、新しいことをする気概も

失って、今の状態に陥った犯人捜しに明け暮れし、誰かの足を引張る糸口を探り合っていた。次の事業の企画のアイディアを得ることができたのも、こうした異業種の方々の素直な意見を生で聞いていたところに依ることが大きい。

　そんなこんなしている中、丁度一年経った頃、案の定台湾より知らせが入り、日本コンソーシアムの提案書について、特に技術面について、聴取したい旨の依頼があった。

　その時には、既に CDC は撤退を決めており、又新たなスポンサーとの組合せでの仕切り直しとなるのであるが、又、結果的には顔を保つべく欧州勢の技術も一部残した設計ともなる。兎も角も第一号の海外新幹線プロジェクトに繋がることになったのである*）。

　その後の話は既に公に語られ、ドラマ化もされているところである。

　自分は、その時には、プロジェクトファイナンス部から企画部へ配転になっていた。丸の内三菱電機ビル地下１階の中華屋さんでのお祝会で交渉再開を喜び合った頃には、別のビジネスの立ち上げに従事していることになった。

　＊）ただ、その数年後の中国本土の案件に於て、勇み足で技術を流出させ
　　てしまったと伝え聞かされた時には、愕然とするものがあった。

　時間を、自分が台湾より帰朝した頃に戻してみよう。

8.

金融危機前夜
（長期信用銀行（LTCB）のプロジェクト
ファイナンスポートフォリオの
買収と証券化プロジェクト）

　台湾から東京に戻ると、建物内がどんよりと重苦しい空気に支配されているのを感じた。既に大分以前よりそうであったのであろうが、自行のオフィスに戻る機会が少なかったので、気付かなかったのかもしれない。バブル崩壊後の金融機関の苦境は報道等で知ってはいたが、自行もその一員との認識は無かった。台北で机を並べた同僚からも様子は聞いてはいたものの、実感は薄かった。'89 年から '98 年迄日本に居なかった空白がそうさせていたのかもしれないが、海外で欧米の金融機関とトップ争いをしてきた、それ迄のビジネス環境とのギャップがあまりにも大き過ぎた。

　行員は毎日、定刻 10 分前にはオフィスの自分の席に着き、通勤ピークが過ぎた遅くに帰って行く。自行の B/S を使った新規案件を採り上げることは実態上難しく、自分の腹を用いないアドバイザリー業務しかできないのに、顧客からそれを託されるだけの信用力も失われている。"何とかしなくては" との問題意識はあっても、実行に移す気概は備わっている様には見えず、溜息をつきながら、共に居ることで安心感を得るために、毎日同じ空間に集う群れが目の前に居た。

　サンティアゴからの帰途のフライトの中で、CITI のクリスより聞かされていた愚痴を追体験している錯覚を感じていた。

　山一が破綻し、拓銀、長銀と続き、我が行も系列の Y 信託銀行の信用不安で追い込まれていた。次第に認識して行くことに

なるが、バブル期にどの様な業務がなされていたか、信じられないことが行われていたことを同僚より聞かされ、自分もその中に共に沈むのかと嘆く境遇になってしまった。"従ったまで"との言い訳のシェルターに逃げ込み、判断放棄をする人間の性のもたらした惨状の中に。

とは言え、組織内の経営資源を用いて何かできるはずであるし、しなければならない。プロファイ部という組織に配属されてはいたが、その中の一人の次長がMBO*)のアドバイスとファイナンスを行う業務を提案し、事例を積み上げつつ、正にプロファイ部よりMBO宜しく独立をして、新しく "コーポレートアドバイザリー部" という名の組織を立ち上げた。自分も興味を惹かれ、何とか一員に加えてもらおうとしたが、何故か仲間に入れてもらえなかった。

*) Management Buy Out ＝企業内の一部門を中に居る人が自ら経営陣となって、持分を買取り新会社を発足させること

"何か他にできることは無いか？" 改めて行内の他部、商社やメーカー等の顧客を廻って色々と諸事情や意見を聞きにまわった。

モラルを欠いた膨張部分が余りに大き過ぎていたのに加え、日本の経済運営へのブレーキが余りに急過ぎたことも拍車を掛けて、何処も資産圧縮、負債カット、組織の改変、証券化によ

る海外への資産売却、そしてリストラ等、後ろ向き、縮小の話が中心であった。そんな中、LTCBが貸出資産を売却し、身軽になって身売りするとの情報を得た。LTCBと言えば大学時代の友人が多く働いている。何人かと連絡をとってみた。自主ゼミで議論を共にした友人が、海外ローンの売却を担当していて、更に聞くと、当行も共同してシンジケートローンに参加しているものも含まれるとのことを教えてくれた。ポートフォリオを組んで入札方式でまとめて売却するために、目録書を作成中とのことだった。加えて、「半値で売れれば御の字」、との言葉に驚いて、更に事情を聞くと、「海外の投資銀行が額面の20−30％で買い叩いてもっていく」とのこと。「売らねばならない足元を見て、入札参加者が少ないのを良いことに、それ迄行われた何回かの入札では並べてそうであった」、と続けた。「来週はプロジェクトファイナンスのポートフォリオ（組み合わせたセット）を売りに出す」、とのことも教えてくれた。殆どが、当行も参加しているシンジケートローンのポートフォリオである。そこで後日NDA*⁾を差し入れるからと言って内密にOffering Memorandum（目録書）をもらって帰り、自行のプロファイ部に戻って、ポートフォリオを構成するローンの内容のチェックを同僚と始めた。全て回収懸念のない、優良なものばかりである。それが半値以下で買える。5割引で買って持っていれば、全額期日迄に回収できる高収益アセット（資産）であ

ることが判明した。

＊）Non Disclosure Agreement ＝守秘義務契約

そうであれば、買って自行の収益増強に資するべきだが。ア
セットのリスク評価を行う国際審査部を交えて協議をした。但
し、危機に瀕する自行にとってはリスクアセットを積み上げる
ことはできない。結論は「リスク的には許容可。但し、自行の
B/S を使ってはいけない」。では、「オフバランスで、管理だ
けすれば」、と言うことになり、金融庁にオフバランスの要件
を確認した。結局（当時の基準で）、50％未満の持分で譲渡可能
な債券として持っているのであれば可能、とのことを確認でき、
以下の様に対応する方向性が見えた。プロファイ部長は反対で
あったから、部内で有志の同僚数人だけで密かに稟議書を作成、
証券化営業部という債権を売却可能な証券に転換する業務を行
う部署の協力を得て、証券化が可能であること、レーティング
格付を取得できることを確認するに至った。NY 支店で同時期
に勤務した精鋭の同僚が、同部の要職に就いていて、異例の短
時間で分析、協議意見書を用意してくれたことが、決め手とな
った。

LTCB に NDA を差し入れ、正式に入札への意向を表明した
上で、詳細な最終情報をベースに分析を行い稟議書を作成、上
申した。

　内容は、LTCB へ額面の 20％の買値で入札（但し、上限 30％
とする）、買い取り後、ローン債権を証券化、そのうち 51％以
上については、レーティングを取得した上で第 3 者に売却する
ことでオフバランス扱いとするとの内容で。即ち証券化後、少
なくとも 51％分は外部に売却する必要があるが、これについ
ては小職の友人の投資ファンドが買取りの強い意向を示してい
て、売却の心配も無いことを確認できていた。このポートフォ
リオは当行が管理し、年間 80 万米ドルの管理手数料を得る。
従って当行は 49％分の額面とディスカウント分の差額の実現
益、51％売却分の LTCB よりの買取額と第 3 者への売却額の
差額益、それに加えて管理手数料を毎年享受する、とのもので
あった。

　自分の所属部のプロファイ部長が先ず “No” と言い、突き
返された。そこで、担当審査部の国際審査部と証券化を行う証
券化営業部を入れて協議した結果、2 対 1 に割れた。これ以上
どう進めるか行内規定は無かったので、では “役員室に上げて
判断を仰ごう”、とのことで、担当常務、ひいては副頭取を交
えての協議となった。因みにその時の担当副頭取は NY で仕え
た Hd 支店長で、前出の M 物産との一件で大そう叱られた方
であった。きっと、その後の解明の説明は、その時迄には誰か
より受けていたのかと想像する。

　担当常務は “こんなに儲かっていいの？　何か落し穴がある

のでは？"とだけ仰った。

　最終的に当行が落札し、額面約2億米ドルの資産を約4千万米ドルで購入し、差額の1億6千万米ドルはその後約10年で返済時毎に収益として実現されるというポートフォリオを入手する。そこから証券化された51％分を、オフバランス化すべく投資ファンドへ売却の際に、アレンジメントフィーとして約20億円を徴収し、且つ、ローンポートフォリオを構成する個別ローン債権のモニタリング、管理費の名目で、マネージメントフィーとして、毎年80万米ドルを収受する、との形でまとめた。それでも証券を購入する投資家にとっては6年余りで初期投資額の2倍になるリターンを実現する投資案件となる。

　これには更に後日談がある。LTCBのローン債権売却担当であった友人の密かなSuggestion（囁き）もあり、競合他社比ほんの少し上乗せして落札したとの知らせを受けた直後の行内で、その結果をベースに関連部署と事後の事務手続を急いでいると、同じ入札に参加した米GS社より面談の依頼が入ってきた。夜10時もまわった頃に、やくざ風の米人男性、キャバクラ嬢張りの東洋系女性、お付の日本人2人の計4人がやって来て、プロファイ部長と小職を含む4人を前に、

「落札したローンポートフォリオを買取らせて欲しい。価格は20％上乗せして、即刻支払うから」、との剣幕である。前向きになるプロファイ部長を宥めつつ、

「原則 No だが、内部で検討後返事する」と返して、やっとのことで、引取ってもらった。

「日本の銀行がまさか参加するとは」とも、

「（死に体のお前の様な銀行に）そんな発想や力があるのか」とも、言いたい放題の悪態をついた挙げ句に。

　この件で、未だ本件に対して懐疑的であった当行内関係者の確信を強めることができたのは幸いで、協力体制も強まり、その後の証券化、そして、ファンドへの売却のプロセスはスムーズに進むことになった。

　案件が一段落した頃、LTCB の担当者であった学生時代の友人と飲む機会があった。お礼の意味も込めて。彼とは趣味を共にし、山やコンサートホールの天井桟敷へも通い、私的な悩みも打明け合った仲である。

「国ごと水に落とされた犬が、意図を以って叩かれ、煽られた危機意識で資産が過度にディスカウントされて、どこ迄搾取されるのだろうね」

「国富は流出するし、日本的経営の美点も損なわれてしまった」

「アメフトのルールで相撲をとれと言う様なものだよな」

　そんな会話を交わしたのを、昨日のことの様に思い出す。

　プラザ合意、バブル崩壊を経て、目の前で次々と起こる事実が規範化されて行くにつれ、理念とゴールを見失ったこの国と

人々を、憂うるばかりであった。

　喫煙とストレスが祟って、彼は早くに世を去った。心を開ける相手が少なくなってしまった。

9.

日系商社との付合い（挿話）

東京に戻ったことを受けて、MTBE の件で揉めた経緯から一層親しくなった、M物産化プラ部の面々に帰国祝いの席を設けてもらった。当時の Sh 部長は既に取締役に昇進していて、Ye 氏、Ta 氏等、当時のメンバーと思い出話に花が咲いた。Sh 取締役の言葉が今も耳に残っている。

「役員会と言ってもさ、何十名もいる大きな会議室で、各人一言二言当たり障りのないことを発言して終わってしまうのだから、経営なんて大したことないよな。各事業部単位で何かやって、その集積で全体が支えられているのだから、社長なんてお飾りだと言うことがよく判ったよ」と。

M社の電力事業部は自主独立して、厚い実績に立って、傷んだ事業を抱えた本体と距離を置き、独自に動いていた。米州時代に親しくさせて頂き、何件か共に案件をとりまとめた Kj さんという事業部長のご依頼で、当行のプロジェクトファイナンスの実績と Expertise（専門知識・ノウハウ）を共有すべくセミナーを、同社電力部隊に行って欲しいとの打診があった。

その後、同事業部長となる Sy さんとご一緒に当行を訪ね、丁寧なご依頼を正式に受け、それにお応えすることになった。

Kj さん、Sy さんよりは、小職の当行内でのポジションを慮っての、米国時代のお礼も兼ねて、とのお言葉を陰で頂いていた。ただ、別の原理の支配する組織内では別の受けとめられ方をされた様だ。暗い話が多かった中で、同僚達も久々に活気付

いて、Ｆ銀行プロジェクトファイナンス部の全員参加で、プログラムを準備し、パレスホテルのコンファレンスルームを２日間借りて、セミナーは成功裏に終わった。プロファイ部長は如何に自分達が信頼されているかを、担当役員に報告した。

　Ｍ社は、謝礼として講義代を払う旨の申出があったが、当然のこととしてこれをお断りすると、今度は商品券で100万円？ばかりお届けがあった。これには担当部長も困っていた様であったが、その後、何時の間にか、何処かに消えていた。

　ともあれ、トレーディングに留まらない、事業創出機能を持つ商社の方々とのお付合いは、現場での切った張ったの格闘や共に味わった達成感を通じて、別の次元で楽しく続いた。

　後に、Ｍ商事でもセミナーの機会を持つことになるが、そことインドネシアの Tan Jung Jati B 案件で競ったＳ商事とも、そのプロジェクトで労苦を共にした関係を通じて、電力部門卒業の方々とは、折に触れ、お付き合いをさせて頂いた。

　現場でのお付合を通して感じたことではあるが、広く産業の各分野への専門知識と情報ネットワークを持ち（時には政治的インテリジェンスも）、抱える人材の能力もモラルも高い組織であって、対象事業に対して、資本注入でも貸付でも金融を提供する機能を有した存在は、経済の潤滑剤としても機能し、日本の産業育成、海外での価値の具現化の大きな原動力となって来たと認識する。言わば、自己勘定で事業展開をハンズオンで図

る投資ファンドと表現しても良いユニークな主体であって、同時に、海外展開サービスや貿易の機能をワンストップで一般事業会社へ提供するBPO^{*)}事業者として、日本経済全体の効率的発展にも資しているとも言えよう。

　*）Business Process Outsourcing

　事業部門毎に細かく分かれた活動の集積した結果としてしか、外部には見えづらかった企業価値が、昨今再評価されているのは嬉しい限りである。

　通行料徴収的な手数料収入に頼ることなく、事業部門の壁を低くし、激変する環境に先駆けて対応すべく、横串を通して経営資源を有機的に配分し、事業創出機能を強化すれば、潜在成長分野の芽を更に伸ばすことに依って、個社レベルに於ても、公のレベルに於ても、大きなプラスになるのではないか。

　ここに気が付いた優秀な後輩の何人かは、商社へと転職して行った。

10.

不良債券処理を巡って

M 銀行の国内不良債権処理等、
長銀のプロジェクトファイナンス ポートフォリオの
買収と証券化プロジェクト（の続き）

　長銀のローンポートフォリオを扱った案件をひとまず取りまとめたところで、　当時の状況を踏まえて、何を次の業務にしたら良いかとの一つの糸口が図らずも、ここから見えて来ることになった。不良債権に苦しむ自行を含む金融界で、B/S のスリム化を図らなければならないのであれば、自分の B/S を用いず、証券化の手法で販売することで対応し、且つ、銀行の持つ信用情報、審査能力をその過程でフルに活用すれば良いのでは、とのことになった。身動きのできない日本の金融機関を尻目に、不良債権ビジネスで濡れ手に粟の甘い汁を吸っていた主に米系投資銀行より、借手の信用情報を木目細かく持っている自分達の方が有利であることは明白であった。

　そんな時に、当行の米州子会社であった Heller Financial（ヘラー社）と言うノンバンクより興味深い情報が舞い込んで来た。

　ヘラー社はリースや劣後ローンを供与する業務を生業としていたが、その顧客の不動産業者に、M銀行のカリフォルニアの子会社を通じて、日本の不動産担保ローンポートフォリオの買取の打診があったと言うのだ。そのバックファイナンスを頼まれたらしいのだが、対象のローン債権の評価、査定の力もないので、助けて欲しいとの内容であった。

　その不動産業者（ケンと呼ぶとして）とヘラー社と NDA を交して、入手したリストにある大口上位 100 件のローンの情報を、検討のため、取り敢えず取寄せてみた。国内の個人向けの不動

産担保ローンが殆どで、担保処分した際の不動産価格を調べる
作業が中心になるものとの認識に至ると、気が遠くなりそうに
なったが、当時、不良債権処理担当部である融資部の次長の職
にいた同期の友人に、「どんなものか？」、意見を求めて聴いて
みることにした。

「俺が海外で汗かいている間に、銀行業務のイロハを忘れて不
良債権の山をつくってしまった結果がこれかよ？」と挨拶した
ことに怒っていた Mo 氏であったが、それに返して、又「何で、
畑違いのお前が、国内の個人ローンなんか扱うのかよ？」とも
文句をタレつつ、皆が帰った静かなフロアで、2 人でパソコン
の前に座り、大口ローンリストから、名寄せ機能を使いながら、
当行も債権者であるものを中心に調べることから始めた。

　2 日程して、小職の席に突然やって来て、
「M 銀行はアホか？　こんな安い値段で売却しようとしてい
るのかよ‼」と開口一番言い放ちつつ、自作の比較表を指し示
しながら説明し始めた。

　ローン債権はランク付けされていて、健全債権を筆頭に回収
不能迄、担保売却による最終引当見込額も考慮しつつ、ラン
ク毎に掛目が細かく決められているらしい。いわゆる MOF 検
（大蔵省検査）のガイドラインに沿ったものとのこと。全般に、
当時の F 銀行の行内基準より M 銀行のものは、20％位厳しく
見積っているとのことであった。

「こんな厳しい掛目で評価したら、当行は破綻してしまうよ」
とも。

"採り上げ方に依っては、経済的に成り立つ感あり"、とのフィードバックを米国サイドにし、更に探らせたところ、M銀行は債務者への配慮から、広く情報開示して入札するとの形式を取りたくはない様だとの追加情報が入った。

では、どう対処するか。関連部を横断したプロジェクトチームを、長銀のケースと同様につくり、検討することにした。

結果として、次のストラクチャーをベースに取組むこととなった。

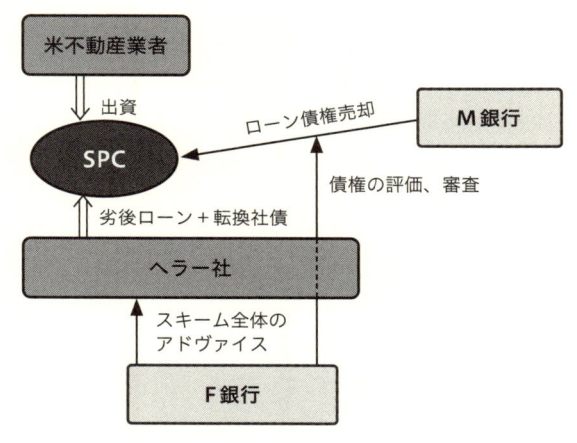

当行は名前を一切出すことなく、100％子会社のヘラー社の名の下に全体のスキームを構築しつつ、ローン債権のポートフ

ォリオの評価を行う。

　M銀行は、米不動産会社が本件のために設立する特別目的会社（SPC）にローン債権のポートフォリオを入札でなく相対で売却し、そこにヘラー社は、ローン（年利率30%）^{*）}及び、SPCの回収後の残存利益を株主の不動産業者とシェアする（分け合う）ための転換社債とで買取資金として融資をする。

　　＊）因みに米国では金利制限法は無い。

　ローンポートフォリオの評価は、何百とあるローン債権から大口100先に絞り、その中でも当行と債務者が重なっていて固く評価できる情報があるローン債権の合計額を、M銀行側の応諾する掛目で割引いた金額を提示し、無事取引は成立した。不良債権処理を急ぐ、体力のあるM銀行は、回収可能性の高いものでさえも、時間を優先して投げ売っていた。

　そうした理不尽な行動に追いやる圧力を招いたのは、政府自らが外への公約として早期の不良債権処理を明言してしまっていたことにも依るのであるが。

　買い取った債権を掛け値以上で回収する迄には余り時間が掛からなかったらしい。と言うのも、小職はスキームを組んだ直後に、この件から離れ、新規事業開発を担うグローバル企画部に異動になっていたので、詳細は知らされてはいなかったからである。

　それからも、ワンロット（1回分のまとまり）が額面何百億円というローン債権がこうして処理され続けたので、相当の収益が、米のケンの不動産会社には勿論、ヘラー社にも転がり込むこととなった。当行への直接の収益はゼロであったが、赤字の続いていた100％子会社のヘラー社は息を吹き返し、その結果、同業他社のGECCに高値で買われて行った。結果として当行に大きな収益をもたらすこととなる。

　このモデルをベースにした不良債権ビジネスは、その後、不動産ファイナンス営業部という新設部の一つの機能として引継がれ、収益源として暫く銀行収益に貢献することとなる。

　ただ、永続性のあるビジネスではないことは明白であったので（そうであっては困るので）、あく迄、一時的、Special Opportunity（特別な機会）的な位置付けで。

　因みに、本件採上の際も、ご尤もなお言葉を、行内上下、左右より、頂いた。

「自行の不良債権の処理で手一杯の時に、何で他行の処理の手助けをするのか？」とか、

「他行の手前そんなことをして稼いでモラルに反しないのか？」とか、

「依りによって、何で不動産不況時に不動産ファイナンス営業部を立ち上げるのか？」とか、行内での議論は百出であったが、意見はすれど、オフィスに出て来ても何もすることがない行員

が多く、収益を上げなければ、自行の不良債権処理さえ公的資金に頼らなければままならず、そもそも目の前で国富が流出して行くのを傍観するだけなのか、と考えれば答えは自ずと決まってくることになる。

　余談になるが、同様に苦しむ邦銀間で協力し合って、不良債権回収の仕組みをつくり、理不尽な安値で買い叩かれて行くのを回避しようとの動きはあったが、相互に情報を開示することに疑心暗鬼で、且つ時間的プレッシャーも強かった状況で、具現化には至らないままで終わった様である。

　判断放棄した集団から成る組織のエゴ故の、目先の鍔迫り合い競争の結果、モラルを捨て実態を離れて不良債権を積上げ、逆回転時には、その裏返しの同じ理由で手を取り合えない。自分達の在るべきところと社会的使命を忘れた行動がもたらした負の遺産は大きい。仕掛けられた敗戦の色も濃いが、そんな習性も観察され足元を見られていた故のことかもしれない。

　他部との調整に手間取っていたある日、疲れた身体を解すべく肩を回しながら比較的混まない京王線の先頭車両に乗った。特急で新宿駅を発ち、府中の外れにある自宅へ向かうために。八幡山の駅を過ぎようとしていた時であろうか、警笛が長く尾を引くと、腹に響く鈍い音と共に急減速した車両の吊り輪を反射的に握りしめていた。ようやく停止した車内には暫し騒めき

が起こったものの、やがて静寂に支配される。誰もが起きたことを瞬時に理解できた時勢であった。他人事ではないと。

　暫くして車内アナウンスに依る事情説明があり、車窓から差し込む回転灯の赤く鋭い光と車外から漏れ聞こえてくる作業員の声に包まれ、人々は息を殺して運行の再開を待っていた。処置に慣れているのか、30〜40分後には電車は動き始め次の停車駅の調布でゆっくり停車した。車両の前面を覗き見に行く者もいた。ホームに降り立った乗客の殆どは静かに次の列車を待ち、黙々と夫々の家路に着いた。

　人身事故でダイヤが乱れることは当時、日常茶飯事であった。郊外と都心を直線で結んだ中央線はダイヤが有っても無きが如くなくらいに。新宿西口のロータリーには段ボールの塊のような自前のシェルターが幾つも並び、世情を語っていた。

　こんなこともあった。

　同じく帰りの電車内で、誰も読まずにゴミ箱行きの Wall Street Journal を持ち帰りつつ縦に 4 つに折り畳んで立ち読みしていた時、途中から乗って来た酔った乗客に突然、
「何がヘッジ・ファンドだ！」、「舐めんなよ！」と怒鳴られた。

　そんな文字を含む見出しの記事が載っていたのであろう。慌てて鞄に仕舞うと、その客は元の普通のサラリーマンの姿に戻っていた。

　次に起こることに怯え、圧迫感漂う澱んだ空気の中で、人々

は息を潜めて日々を送っていた頃のことである。誰もが捉えられない何かを恐れ、自信を失っていた。そんな状況のなか、この様な事件が起きた。

顧客から銀行預金として預かったお金を、行員個人の裁量で他の顧客に転貸した不正を隠蔽するべく預金者の老夫婦を殺害するという、あってはならない犯罪が当行行員によりなされた。

発覚した際、当時の広報部の次長はことの重大性に鑑み、即刻頭取自らが世間に頭を下げ謝罪するべきと主張したが、担当常務がこれを拒否し、自らが代わりに表に立って対応に当たった。そんなことをしたら頭取は引責退任しなければならない、というのがその理由らしかったが、世間の常識から測ればそうあっても然るべき事件であった。同期でトップを走っていたその次長はやがて地方店に転勤となり、担当常務は功を認められて、後に頭取の後任に収まることになる。

金融危機で疲れていたのであろうか。組織内での判断基準は人間の尊厳を前にしてさえも、『疑う余地のないほど、極めて明瞭に判然と、自分の心に現れたものしか、判断のうちに取り入れぬこと』を放棄して、内部周囲への忖度に依って行われていた。

新しい担当部署で何をするのか？ "グローバル企画部"の"グローバル"とは、国境だけでなく、行内外の組織も跨ぐと

の意味も込められていた。自行も含めて、日本の企業の大半は
バブル崩壊後の苦しい時期にあったので、個別企業の問題解決
への課題は多々あった。子会社や部門の分離独立のニーズを
捉えて、MBO*)を主眼にして、既存組織内で事業を立ち上げ、
独立して行った立派な次長もいたことは、先にも触れた。ただ、
顧客たる対象会社全体のニーズに銀行本来の機能をフルに活用
して広く応えるというサービスや体制を備えるべきと思い、カ
バレッジをより広くとり、法人顧客のバランスシートコントロー
ルを提言し、M＆Aの実行等を通じてサポートする機能を
組織全体として（行内用語を用いれば、"全行的に"）持ち込むべ
きと考えた。

  ＊）Management Buy Out：経営陣又は従業員による事業買収を通した
    スピンアウト

　個別の機能を提供する部署は組織として銀行内に既に有った
ものの、肝心の顧客のニーズを聴取、汲み上げ、持てる機能を
有機的に組み合わせて提案する機能が脆弱であった。言わば、
魚を処理、解体、調理する機能は備わっていても、魚を探知し
て釣り上げる機能が貧弱であった。

　その様な認識の下、自分の担当する法人顧客のニーズを聴き
出した上で、分析して問題解決を提案する機能を強化すべく、
顧客企業を担当する営業部と夫々の機能を提案するプロダクト
担当部を横断的に集めて、具体的な顧客企業をケーススタディ

ーしながら自由討論を行うというセミナーを開催することとした。日常業務から一時離れて、2-3日各部の人間が一室に集まって泊まりがけで行うので、"キャンプ"と名付けた。

　資産や組織の切出しやリシャッフル（入れ替え）も伴うので、自ずと Equity（資本金）を出せる機能も必要となり、当時日本では萌芽期にあったプライベート・エクイティ・ファンドとも付合いを始める様になる。

　この "キャンプ" という日常業務から解放された空間に於て、参加した各部より集まったメンバーは、人事考課の目から離れた場で思考を開放し、慮ることなく思いつきを口に出してぶつけ合い、仮説に基づくブレーンストーミングを楽しんでいた。各部間を隔てる壁も低くなり、各自元の持ち場に帰ってからも、相互に気安く連絡をとり合える関係になっていた。戻って顧客に提案型営業をし、もたらされた幾つかの成功事例が、更に皆の背を押すことになった。村上ファンドに鎌を掛けられた「Se社」（今の Hc 社の前身）に ROIC（投下資本利益率）を経営指標として導入して、ビル資産入れ替えの提案をし、左前の「Sl 社」にはセントラルキッチン機能を別会社化する案をファイナンス案と共に売り込んだ。

　当時の商社、T 社も不動産に手を出し、不良債権処理のための資金の捻出に頭を痛めていた。キャンプの成果宜しく営業部の担当者は、ノンコアのしかも外部から資金を採り入れること

が叶えば成長余地がある部門があることを聴き出して来た。そのうちの一つが子会社であったCATV（ケーブルテレビ）局で、当時３つの局を束ねていたが、資金調達さえできれば、近隣他局をロールアップ（買収統合）して、サービス内容の拡充、間接部門のコスト削減、規模の経済の享受が可能とのことであった。米州で一時、合従連衡がCATV業界で行われて業界が成熟して行ったのと同じプロセスで、NY支店時代に盛んにケーブルファイナンス*) を行っていた経験を思い出した。

　*）ケーブルテレビ局の買収統合のための資金供与。

　そこで、T社に対して、M＆A担当部と投資ファンドを用いる案を練った上で、以下の提案を同社担当営業部と共に行うこととなった。

　即ち、CATV子会社の第３者割当増資を投資ファンドに引受させて成長資金を得ると同時に、一部株式を売却し収益を確保しつつ、銀行よりの借入も利用して、ターゲットとなる他局を買収し、成長を図る、との内容である。成長を果たした後、CATV会社を上場又は第３者に売却した際は、相応のキャピタルゲインを、投資ファンドと共に得る。

　提案は受容れられ、次のステップに進むことになった。売却代金の一部は、当行営業部のT社への分類されたローン債権回収に充当し、いわゆる不良債権額を引下げ、M＆A担当部

は手数料を得た。ファンドも貴重な投資機会を得て、関与した皆が Happy であった。先にも触れた当時経営の苦しかった Kj 支店取引先の Sl 社には、業態別のオペレーションの効率化を図るべく、セントラルキッチンの構想、即ち、和・洋・中の食材をまとめて調達し、ある程度迄の準備加工を行い、後は店で調理、完成させることで、コスト削減、効率化を図るとの提案を行った。又、その部門を子会社化し、持帰り惣菜をも他チャンネルで販売し収益力を一段上げ、上場させることで更なる資金を得て、成長投資に向けられるということも。

　そうした成果が得られつつはあったが、毎月開催される定例の部店会議と言う本部各部と主要店とで構成される会議の場で、この"キャンプ"の活動について、営業統括担当部より報告があった。全体を企画し、組成し、運営したのは我々グローバル企画部であるのに、他部に成果を持って行かれたと感じたのであろう。自分の部下より、「他部への押さえが甘く、自分達の評価に繋がらずに無駄働きになった」、との誇りを受けた。行内部署間の手柄争いに負けたとも。そう怒るのももっともながら、役員も人事担当部も全体を見て評価は適正に行われるのであるからと宥めたが、自分にとっては少なからず驚きであった。

　会社のため、世のため、人のため、又、誰かが必ず見ていると信じ込んで来ていた自分の幼なさを、別の角度から認識させられることになった。

11.

都市銀行勤務の最後の日々

　"都市銀行"に就職して面白かったのは、顧客のニーズを直接肌で感じながら、金融技術で応じられるファシリティー（仕組や手段）をストラクチュア（組み立て）し応えつつ、同時に顧客ネットワークを通じて得られる他社のニーズも組み合わせて、時には商社的仲介機能をも絡めつつ、事業展開、発展に主体的に資することができるという点にあった。加えて、凡ゆる業種の主体とお付合いが可能でもあった。

　プロジェクトファイナンスの組成に於ては、ゼロスクラッチよりそうした事業組成を行うという作業が、単なるファイナンス組成に比して、過半を占めていた様に思う。大判のキャンバスにスケッチの下絵を描くが如く、プロジェクトに関連する様々な主体との議論を通じ対象の事業実態に即したファイナンスの理想像を、即興的に落として行く作業は時を忘れさせた。

　ただ、本業よりは少し遠いところに位置し、主流足り得ず、本体は沈み行く大船の中で、相変わらずの権力闘争が仕事と思っているメンバーが多数であるとの認識が自分の中で次第に強くなって行った頃であった。

　香港の主要顧客 Hopewell 社の CFO で難しい発電部門の案件を共にしたラリーより、彼が友人と設立したプライベート・エクイティファンドへ参加しないかとの誘いを受けたのは、先に述べた銀行の顧客 T 社の CATV 部門のスピンアウトを彼の投資ファンドを用いて仕掛けていた時であった。

　リスクマネーを拠出し、自ら事業にコミットして経営に参加しつつ価値を高めて行く仕事に惹かれた。一方で、自らが自らを全面的に献身して、世の評価の高い（reputable）より良い企業にと、嫌なこと、苦しいことを自分なりに耐えつつ 20 年以上勤めて来た職場を離れるのには、相当の迷いがあった。眠れない夜が幾晩も続いた。

　周りが動かない組織の中での限界感もあったが、トリガーとなったのは、そうした麻痺した組織で、数少ないながら従前より尊敬していた上司や先輩方が、実は即物的な基準で行動する方々であったことを認識する場面に幾つもでくわしてしまったことであった。限界的な状況下では、人は思わず本性を顕にしてしまう。過去を都合良く忘れ、何も学ばず、現在やるべきことを軽んじ、ただ未来を恐れている者が周囲に群れていた。やはり自分は別の夢を見ていたのかもしれない。

　辞表を直属の上司に出すと、直ぐに人事部に呼び出された。出て来たのは、同期の、後に副頭取迄出世する Nz 君であった。開口一番、

「いやぁ、よく今迄当行に残っていたね。とっくに辞めていると思っていたよ」と。

　この時、ドイツ語の慣用句 "Alles Klar"（全てが明白になった）というフレーズが頭を過ぎった。

　"そうか、そうであったのだ" 吹っ切れた気持ちで、淡々と退

職の手続を始めた。

　転職先より給与を前借して住宅ローンの残債を精算する際には、入行店でお世話になった Sm さんという方が本店の住宅ローン担当課に偶然いらして、当時のことを懐かしく振り返りながらご丁寧にご対応頂き、お手続きをして下さった。青臭い自分が支店長からいじめに似た扱いを受けていた理由も、この時に詳しく知らされた。当時の支店長の息子は自分より一年次下で、就職に苦労していたと言うのである。「まともな大学出たって、仕事は別だ」とか、「仕事も終わらないのに、留学生試験など受けに行かせる訳にはいかない」（試験は終業後、夕刻から本店で行われた）等と言って、入行後 2 年目での試験は諦めさせられていた。銀行創立 100 周年の募集論文で取った賞の懸賞金をその記念財団に寄附したら、「売名行為」と叱られた。当該支店長在任中の 3 年に満たない間に、2 名は健康を害し、更に 2 名は精神を壊し、異動となって行ったので、自分だけ特別との印象は無かったが。

「お前もよく我慢していたよな」、と言っていたご本人も、左翼系の労働組合員ということで行内で冷飯を食わされていた。「当行内では、一度バツが付いたら、ひっくり返っても出世はできないのを知っていたのか？」と聞かれて、同期よりずっと遅れての昇進しかして来なかったことに改めて納得したものであった。行内での出世との観点では、業績も、事業展開も、当

行の市場でのプレゼンス向上も、不良債権を一銭もつくっていないことも、何も役に立たないことであったのを知った。そのために自分の時間や家族の生活を犠牲にして来たことも。

21年5ヶ月働いた上での退職金は税引後3百万円にも満たず、額面割れとなった持株会の株式売却代金を足しても、バブル期に行内融資を受けて時価増資で買わされた際の借金の残高を下廻っていたため、こちらも転職先よりの給与前借を充当して返済した。

当時、既に44才になってからの、損切人生の再出発と言う事になった。

でも、まあ、命を取られる訳でもなく、やり度いことをし、様々な経験もでき、色々と学べたし、楽しい期間であったと。

あの頃の金融業界では各行が生残りに必死で、どことくっついて合併の上残してもらおうか、との動きが活発であった。自助努力でなく"too big to fail"（大き過ぎて潰せない）に依るしか生き残りの道を探れなかったのであろう。経営者も何ら責任を取る訳でもなく、合併発表の記者会見の場では胸を張って、「日本を代表する金融機関となる」等と発言していた。

2000年にFj、DK、IBJが"統合"すると発表しその作業が、今後は行内から3行間へと場を移しポスト確保闘争となって始まっていた。夫々行内より選りすぐりの人材を送り込んで設けられた統合委員会なる場でそれ等の論争の火蓋が切って落とさ

れた。もう倒産しないとの安心感から、皆外向きの営業活動は止めて、次なる組織内での自分達のポスト確保に心血を注いでいた。"リストラ"、"新しく望ましい筋肉質の組織"、等という考えは、全て捨象され、自分達の失敗への反省のプロセスは全く省かれて。

　ポストを３つ平等に用意するために、銀行を何故か２つつくり、証券会社と合わせてポストを３つ平等に振り分け、システムは旧行のものを夫々残したまま、インターフェースのシステムを３つ新規に開発するという難題を抱え込んだ。その後の顛末は、公知の通りである。

"統合委員会"の分科会で最初に設定されたものに、"用語集の統一作業会"があった。先ずは共通の言語を用意してコミュニケーションを図ろうとした趣旨は正しい。"３人寄れば"とはよく言ったものでスタートしてみると、議論百出。例えば、"顧客に対し工夫して提案営業を行う"という趣旨の言葉は、Fjでは「工作」、DK、IBJでは夫々「営業」「営業活動」との呼称を用いていたが、単なる「営業」では能がない、「工作」なんてどこかの国の計略ではあるまいし、と言った具合に、一つの言葉に収まる迄に精鋭９人がかりで一週間を費やしていた。

　ふと思い出したことがある。卒業を未だ半年先に控えた或る日、就職内定の報告に、（日銀の審議委員もお務めになられた）ゼミの先生の研究室へ御報告に伺った際のことである。

「どうして皆、人材の墓場に足を踏み入れてしまうのかな」との Tc 教授のお言葉の重みを、その時になって、遅ればせながら再認識することになるのである。

2001 年 8 月 31 日が銀行へ出勤する最終日となった。翌日からは、近くの S ビル内にある新勤務先に通うので、生活形態に変化がある訳でもなく、やっとその頃になって自分の立場を認識できた自分は、"吹っ切れた"気持ちで、静かに 21 年余り勤めた職場を去った。潰れないし、リストラも無いという安心感に満ちた無気力の空間からの脱出でもあった。

ただその 11 日後、今でも信じ難いことが、出身行を襲うことになる。

22 時頃、郊外の自宅に戻ると、以前 NY 勤務時代にオフィスがあった WTC（ワールド・トレード・センター）に飛行機がぶつかったと言うニュースが TV に流れていた。自由の女神の遊覧飛行機なんてあったかなと思いつつ、よく聞くと、旅客機だと言う。WTC Ⅰ の方だったので、ひと先ず胸をなで下ろしたが、何が起きてもおかしくないマンハッタンのことである。10 日程前に去ったばかりの本店の後輩に電話を掛け、皆の無事を尋ねた。彼曰く、「（WTC Ⅱ にある）オフィスからは全員が Evacuate（避難）した旨の連絡があった」とのことで、闇に隠れた何かの存在を疑いながらも、単なる偶発であると信じ

て、取り敢えずシャワーを浴びた。風呂場より出て居間に戻ると、WTC Ⅱに2機目が突っ込む映像が映し出されていた。懸念が現実のものとなり、得体の知れない悪意に戦慄が走るのを覚えた。早目に現場から離れていて欲しいと願いつつ、巻き込まれていないと信じたまま、寝床に就いた。

　ところがである。翌朝のニュースで驚かされた。"F銀行員十数名が不明"と言うのである。昨晩電話をして確認した後輩に再び電話で問い合わせると、「一旦地上に全員降りたとの報告は確認したものの、毎週定例の経営会議のメンバーは、ロッカーに鍵を掛けずにオフィスを退去したので、（ビル管理会社、Port Authority の）"WTC Ⅱは安全でエレベーターも稼働している"、とのアナウンスを聞いて、戻った、との報告を受けている」とのことであった。

　退行時の机とロッカーの施錠は入行時より教え込まれた行動の基本ながら、あまりに真面目過ぎたのかもしれない。日本人スタッフだけでなく、米人の人事担当役員も一緒に巻き込まれた。NY 時代、Ts 氏にはお世話になった。実績を上げた部下に相応の報酬の Budget（予算）を確保するのに、分かり難い我々のプロジェクトファイナンス業務を上席に説明し、その給与水準の市場での相場、Tomb Stone に "Arranger & Agent" と記されることの市場での意義等を客観的視点から伝え理解させてもらった。NY から香港に飛ばされて1年程経っ

た頃、彼よりレターをもらい、プロファイ課の殆ど全ての有能なプレーヤーは去ってしまったことを伝えられた時のことは忘れられない。"And Then There Were None"（そして誰もいなくなった）と。

　巻き込まれた方々は皆様存じ上げていたが、中でも一番若い Sy 君は、東京で自分の部下として働き、意義深い案件を共にした仲間であった。本人の希望を受けて、更なる活躍を期して NY 勤務の Recommendation（推薦）を書いたのも自分であったことを思うと残念でならない。その 1 ヶ月も満たない前に、自分の退職を知った彼から送られて来た温かいメールの文面が蘇って来る。

12.

新しい職場で
（投資ファンドの視点より）

12.1　諸々

　その様な訳で、後ろ髪を引かれる想いではあったが、新しい職場での生活が始まった。

　当時設立2年目のプライベート・エクイテイファンド*)"Oキャピタル"は米の年金、大学、世銀の下部機関、それに日本の信託銀行等より約5億米ドルのコミット（出資約束）を受けたファンドを持ち、アジアを対象地域に運用を始めていた。Potentiality（潜在可能性）がありながら何らかの制約でそれを顕在化できていない事業に対し、個々人の力を枠から解放し相互に化学反応させる場を用意し、必要な経営資源を届けることで、事業価値を高め、望ましい形で継続的に成長させて行くという手法を取った。自分達の役廻りを"触媒"と表現し、自らも経営・事業運営に参加するハンズオン（事業に携わる）と言うアプローチのPE（プライベート・エクイティファンド）で、成長を達成後の事業は、その後の連続的成長を期待できる先への売却、又は、上場するという形でいわゆるExit（売却を伴う収益実現）をするスタイルであった。

　正に銀行がリスクマネーを提供して、産業を（ハンズオン程ではなかったが）成長させて行く、というやりたくても当時は停止せざるを得なかった役割を遥かに超える自由度を持った業務に魅力を感じての転職であった。

　＊）上場していない法人、事業に投資し、共に事業価値を高め、潜在価値
　　を顕在化させる事で、収益を得ることを目的とする投資ファンド。

　同ファンドをマネージするメンバーは８人。パートナー制を採っておりこの８人のパートナーで Investment Committee（投資委員会）が組成される。各人 veto（拒否権）を持つので、全員の意見が一致しない限り投資は行われない。故に、議論を揉みに揉んで、やっと組織としての Decision make（意思決定）がなされる。オフィスは、NY（アドミニストレーション担当）、香港、ソウル、そして新設の東京に分かれていて、毎週１回の定例の進捗情報交換のビデオ会議に加え、必要な都度招集され、週に２〜３回は数時間ずつ行われた。

　構成メンバーは、NY 駐在のダニエル（米人、ユダヤ系）、香港駐在のダーク（米人、アングロサクソン）、ラリー（華僑）、デビッド（華僑、後に東京へ異動）、イーデン（華僑）、ディリップ（インド人、普段はシンガポールの自宅より）、ソウル駐在のパン（韓国人）、そして東京の小職の８人である。時差もあって、国籍・人種のちがいもあって、加えて個性の差も加わるので、コミュニケーションを取るのは難しいのでは、と心配してはいたが、Real Time（同時進行）ベースで、本音を言い合う雰囲気で、新参の自分も直ぐに溶け込めた。

　"３時間ルール"というものがあって、受けたメールには必ず３時間以内に返事を出さなくてはならなかった。フライトで物

理的にできない時以外は。なので、コミュニケーションのスピードは速く、誰かがもの事を抱え込んでしまうということは起きなかった。

このメンバーと付合うことで、ユダヤ人や華僑、インド人の個性溢れる癖のある独特な思考回路を改めて認識することになる。案件以外の文化人類学的な面白さ、学ぶべき諸点も尽きることなく、彼等と仕事をする中で、形而上下問わず、一時一時を大いに楽しむことができた。

パートナー制の利点を理解する良い機会となったが、８人のうち、先に挙げた最初の３人は創業パートナーと称し、他の５人とは別格で、投資委員会での発言権こそ同じだが、収益の配分は厚かった。報酬は大きく２種類に分かれて支払われる。一つは給与。毎月、生活費として支払われる。もう一つはキャリー（キャリードインタレスト）と呼ばれる運営するファンドに対する持分である。預ったファンドより投資が行われるが、具体的案件への投資が投資委員会の決定を経て実際に資金が動く際に、Capital Call（資金拠出要請）がなされ、投資家は資金をファンドに振込み、それがまとめて投資先に送金される。投資持分が売却され、資金回収がリターンを伴って実現した際には、そこから得られる税引前の収益は（ファンドにも依るが一般的には）80 対 20 で、80 が投資家に、20 がファンドの運営会社に支払われることになる。成功報酬として。

　これをキャリーと呼ぶが、運営コストを差引いた残りをパートナー間で分けることになる。貢献度に依って振分けられるのだが、案件の採上、運営に関わった者には厚く、且つ、先の3人の創業パートナーにも多目に割振られる。この部分が大きい。因みに、給料部分に相当する分は、投資家より定期的に徴収するファンドへのコミットメントフィー*）より支払われる。このフィー収入はファンド運営に係る費用全体に充当されるため、給与は水準としては低く、外銀のそれより低かったかもしれない。当然、日頃のハードワークや高度なサービスには十分な対価とは言えない。

　*）約束した資金拠出額に応じて支払われる手数料

　こうした仕組であったので、投資案件の採上げには厳しく分析、議論を重ね、自分の資金を注ぎ込むのと同等以上に、投資家へのアカウンタビリティーを果たすべく、あらん限りの労力と注意力を以て臨む。
　"制約を一旦外し、それが無ければ、事業価値を極大化させるために何を対象事業体に届けるか？"との問いを常に意識して、必要な経営資源、ヒト、モノ、カネ、ジョウホウ、それにネットワークを注いだ時の結果をシミュレーションした。
　ただ、業務を進める上での一番の難しさは、良い投資機会を見出して来ることであった。切り出して破棄したい事業は外に

出て来易いが、真に可能性のあるポテンシャリティーに富む事業は、箱入り娘の如く、なかなか外に出ては来ず、且つ余程の信頼関係がないと情報を出してまで相談に応じるところは少ない。あの頃の日本では、事業の譲渡、売買自体が悪と見做されていたし、従業員と自社のリピュテーション（名声）への配慮から、切り離し後のリストラを伴うものには強いアレルギーがあった。

公開情報、内部の方からの Confidential（匿秘性のある）な限られた情報に基づき、仮説をたてて、提案書を作成の上、対象会社にピッチ（提案）に行く。批判も含めてコメントをもらえれば、それを解決した上での再提案を行う。この過程を繰り返し、提案の精度を上げ、焦点を絞りつつ、本質的で相手が受容可能な案件に仕立てて行く。100 社あたって NDA を結んで次のステップに進めるのはそのうち 1 社位、その上でデューデリジェンス*）を行い投資案件として結実するのは、10 社に 1 社あるかないかの確率であった。仮説と検証を繰り返しながら適格な投資に仕上げて行くのは、苦しく気の遠くなる作業ではあったが楽しくもあった。当事者にさえ見えていない可能性を発掘し、新たに届ける経営資源を活用しながら、その芽を育て根を張るネットワークに接ぎ木したり、時には異なる分野の事業と有機的に結び合わせ組み上げることに依って発展する余地を拡げ、事業価値を高めて行く業務に、自分も対象組織の中に入

ってコミットしつつ、ハンズオンで共に汗を流しながら行えることに、大きな魅力を感じた。寝食も忘れて働いていた様に思う。

　＊）投資先の価値、リスクを法務、財務等凡ゆる面から調査、評価する作業

　一方で、既存の組織に手を入れ、変更を伴うものであるので、そこで働いている人々への影響、時にはポジションの変動は当然に伴う。リストラこそしなくとも、個人の想い、性格、個々人の人間関係から様々な思惑や反応が飛び出して来て撹乱要因となる。覆いの石を取り払われた蟻の巣の如く、それ迄隠されていた人間の好ましい面と同時に、それ以上の醜い面も噴出する。食事や飲み会に引出されては愚痴を聞かされ、一方で、その場を利用しながら、上手く落着くところに収めるのは、日本人パートナーの自分の役割にもなった。出身母体の銀行内でも同様であったが、それ以上の多様な場面に出会せ、追い詰められた際に露わになる人間の多様な面を目の当たりにし更に思い知ることにもなった。

　東京事務所の体制がある程度整うと、仮住いのＳビルからBK協会ビルに引越すことになった。香港事務所より同じくパートナーのデビドが東京に異動して来て、東京のパートナーは２名体制となった。それ迄オフィスマネージャーとして居た方は、これらを見届けると暫くして退任された。この方は従前

　よりよく知る方で、創業パートナーのラリーの友人でもあったが、自分の転職にあたり、就業条件等を詳細に説明し便宜を図ってヘッドハンターとして、橋渡し役をも担った。

　新しいオフィスに移って腰が落ち着いた頃、NY のダニエルより在日アメリカ大使館でのランチ・ミーティングに出席して欲しいとの依頼があった。Invitation Letter（招待状）が送られて来ると RSVP（返事が欲しい）との記載があったので、次の投資委員会で確認を取って出席の旨を返事した。

　晴れてはいたが少しばかり湿度の高い秋の日に、大使館内にあるダイニングルームの食卓に着いた。同じテーブルには、某米銀の日本語も流暢なアナリストの Rf 氏と、後にトランプ政権で商務省長官に就く再生ファンドを抱えた Wr 氏もいた。

　簡単な前菜とスープの後に運ばれて来たのは、驚いたことにハンバーガーであった。長い楊枝が真ん中に刺さって、ケチャップが入った小皿の隣にピクルスとフレンチフライが転がっている。

　日本経済の状況や実態に関して細かい質疑応答を交えつつ雑談も尽きて来た頃に、2代前のモンデール元駐日大使が弁護士らしくやんわりと、郵政民営化に関して話題を持ち出して来た。2人の論客はあれこれ幾つかのシナリオを語った後、質問が自分に向けられた。時の首相にそれだけの決意と権限があるのか

と。

「もし党内で反対をされたらどうするのか」

「その時は解散権を行使してでも行うでしょう」と答えると、暫く沈黙した後に、

「その決断力と意志が構造改革や不良債権処理にも及ぶことを期待するね」と呟いていた。

その後は食材の牛肉の話題に移ったが、彼らは当時の日本にどれくらいのビジネスチャンスが残っているのかを瀬踏みするべく、多様なチャンネルを通じ、党派を超えて情報収集を行っていたのであろう。

最初に手掛けたのは、銀行時代の最終局面で仕掛けていたＴ社のＣＡＴＶ子会社の成長のための施策を実行に移すことであった。

投資ファンドがマジョリティー（過半の持分）を持つ、Ｔ社色を弱めた独立した局として、近隣の同局をロールアップ（買収・統合）しながら、間接費の軽減、番組作成のコスト削減を通じた更なる規模の経済の実現を図りつつ、事業を拡大して行く、というテーマであった。米州の同業界で起きたことを、時差を以って日本で実現させようとする趣旨で。

"Mt社" と新しい名を与えられたＣＡＴＶ会社は、一部持分をＴ社が持ったまま、ジョイントベンチャーとしてスタート

していた。将来の持分の値上り益を共にシェアしようと言う狙いであったし、T社側も完全売却より対外的な面子を保つ上でも内部の承認を得易かった。

その後、シナジーの見込める周辺の幾つかのTV局を成功裏に買収し、ロールアップを図ったところ迄は良かったが、やはりT社色が多少なりとも残っていたためか、大株主が外資系ファンドと言うこともあってか、競合他社の沽券にかけて、それ以上は苦戦を強いられた。特に、沿線地区を重視する東急系のケーブル会社を刺激し、その抵抗には凄まじいものがあった。

12.2 農薬会社を巡って

この件で、一応は成功したことを下地に、更に親しくなったT省御出身のT社のOt専務より、同社の農薬部門を紹介された。当時、不動産投資の失敗に依り債務超過で苦しんでいた同社は、何とか同部門の事業価値を薄価以上で顕在化させ、売却することで借入返済に充当する資金を欲していた。農薬部門は、旧ダウケミカルの農薬部門を買収したものが主体となっており、独自に安定したキャッシュフローを産む売筋のオルトランという薬剤を保有し、研究開発及びメーカーとしての機能も備え、部門単体としては順調な業績を挙げていた。何か良い手立てはないか、相談に乗って欲しいとのことであった。Ot専務

は外より入られたお立場で、より客観的にものごとをご覧になられ、且つ外部よりの提案をお聞きになるオープンマインドを持たれていた。その懐刀として、企画担当の Th さんと仰る方が、色々と御配慮されて、組織内の力学を勘案しながら、適切な方とのコンタクトをアレンジ頂き、話が進む様に内部情報を都度頂いたことが、案件を進める上で鍵となった。

"農薬"と言う名前は使わず、"精密化学"と言う呼称を用いた当該部の Hr さんと仰る部長と銀座 7 丁目の和食店でお引合せ頂くことになった。雨のあがった初秋の夕刻のことであった。御自身の仕事と実績に自信を持たれ、事業にコミットされた有能な方でいらっしゃることは、最初の 1、2 言を聞いて直ぐに再認識させられた。実は、銀行時代にも同部門の独立した資金調達の件で相談を受け、お会いしたことがあり、その際に頂いた情報から、この部門の切出しを考えてはどうか、との提案を自分より、Ot 常務へ持ちかけた経緯があった。

　同部門のことはある程度知っていたので、一通りのアップデートの説明を受け、農薬故の特有な Liability（責任）のリスクを確認した上で、ファンドが提供できる機能の説明に入った。銀行時代に相談を受けた同部門へのファイナンスも、T 社本体と切り離す形であれば可能になること、それによって、競合他社より既存の薬剤を購入して、同社の支配力の強い日米の市場に普及させ、販売することで、更なる事業の展開を図れること

等を。加えて、競合他社を買収してシナジー（相乗効果）を発揮することで、既存事業をプラットホームに、次なる展開も図れることをも。要は現在直面している制約を外して、思い描ける計画を実行することで、潜在可能性の顕在化を追求できる旨を熱っぽく語ったことを覚えている。

　その晩はそこ迄で話は終わり、「一度持ち帰って考えましょう」、とのご返答を得て夫々帰途に就いた。店を出ると、遅くに現れた月が細く輝いていて、心地良い乾いた風に吹かれながら、新橋駅迄共に歩いた。

　彼等も内部で話し合うのに少しばかりの時間を必要としたし、自分も入手した資料をベースに、投資委員会での理解を得なければならなかった。業界動向をも睨んだ薬剤や事業の買収機会の具現化、全体の一部門から独立した会社となることで高まる自由度とガバナンス強化による成長のための選択肢の多さ、事業展開の蓋然性、今いる人材のポテンシャリティー等の諸点で、我々の投資方針、テーマに合致した。ただ一点、業種が農薬事業ということに潜在的な Liability が伴わないか、チェックを要する、との宿題を残して、初回の投資委員会の電話会議は終わった。この点は米州駐在のパートナーが、他のメジャー化学会社に確認し、且つリサーチをかけ、deal killer（案件成立を阻むもの）とならないか、確認することになった。切り離しに必要な投資額、及び今買えそうなドイツ B 社からの薬剤の買収

額を加えて見積った当面の総額、その後の成長シナリオ、5年と想定した時の Exit Strategy（出口戦略）については、順次情報を得つつ詰めて行くこととした。

　次回の Hr 部長との面談の設定を終えて、こちらよりの追加情報の Wish List（依頼リスト）も準備し終えた頃であった。そんな時、Hr 部長より少し早めて会えないかとの連絡が入った。

　混み入った話なので、小職のオフィス迄足を運んでくれるとのこと。大方の場合、来訪を受ける際は悪いニュースであることが多い。今回の話は同社内部で賛同が得られなかったのか等と気を揉みつつ、約束の日の約束の時間に訪問を待った。

　カーテンを開け広げた窓越しに、色付き始めた銀杏の葉が、夕陽を反射して眩しく輝いていた。

　10人座れるゆるいカーブを描くテーブルの端に、2人共に資料を見られる様に90度で並んで話が始まった。要はこういうことであった。

　"T 社の農薬部門単体でも、先に説明した通り、ダウケミカルの旧農薬部門という縦にインテグレート（統合）されてバリューチェーンを取り込んだ機能に T 社の販売力が加わっているので十分に強い組織である。従って、これをプラットフォームに、医療薬に特化すべく研究開発費捻出のため、ノンコアの農薬剤を売却しようとする他メジャー（大手製薬会社）の薬剤をロールアップして行けば、相応の発展は十分可能である"。こ

こ迄は前回の復習。

　Hr さんが切り出したのは "より身近に良い買収先候補が存在する" ので、そちらも一緒に話を進めてはどうか、との提案であった。"そちら" とは N 社の農薬部門のことを指していた。2 人しか会議室には居なかったが、彼は声を潜めて、説明を始めた。"そもそも農薬を扱う商社は、我々 2 社しかないので、よく知っているのだが" と前置きした上で、フランスに本社を置く農薬販売会社を買収して、欧州、特に東欧、ブルキナ・ファソまでを含むアフリカを中心に、使用法の指導、サービスを伴うネットワークを持って、日本人の手が及ばないところまでカバーしている N 社の活動の様子を、各国の事情と共に事細やかに説明してくれた。ここを T 社の傘下に入れることができれば、縦に統合された研究開発から製造までの機能を持ち、米州と日本の市場に強い Hr さんの組織にとっては "鬼に金棒" で、一気に全世界を市場に組み込み、シナジー効果を即刻発揮できると。そこ迄話が及んだ時に、語り手の眼が輝いていたのを覚えている。確かに説得力に富み理に適っている。

　窓の外はすっかり暗くなって、街灯が堀の水面に映っていた。
　ではどうするか。話をもらってから、あれこれ考えた。一旦、話が先行している T 社の部門を carve out（別会社に括り出す）した上で、N 社の部門を買収するのが、ステップを踏んで

やり易いのではと思いつつも、その先の対象が見えているのであれば、今の時点で目処を付けておくことも必要ではある、との切迫感にも苛まれた。この様なことを、具体的資料が手元に不十分なまま、投資委員会に掛けることもできないし、誰にどの様にアプローチしたら良いか、少し考える時間をもらい、ファンド社内ではＴ社の部門だけの carve out シナリオで当面は分析を進めることとした。Hr さんと自分の間だけでの話として、この件は暫く置いておくことにして。同業の競合先でもあるだけに、話の切出し方は難しいし、その意図が知れただけで、先方は防衛的になって話は進まない。たとえ仮に話が進んだとしても、ライバル商社同士の人間関係は上手く行かずに機能不全に陥ることにもなり得る。銀行同士の対等合併が如何に不毛で、効率の悪いものであったかを、その寸前迄身を以て見ていたではないか。どちらかが主導権を握り、ガバナンスを効かせなくては成り立たないのである。

　よくよく考えてみると、Ｎ社とて無理な不動産投資が祟って過剰債務に苦しむＴ社と同様の状況にあった。そうであれば、同様の提案をして同社の農薬部門を括り出すことも考えてくれる余地は大きいはずである。一旦我々投資ファンドが買い受けて、後に２つの会社を合体させると言う案ではどうか、との考えに至った。

　N社へ伝手を頼って、企画部門へ提案を行いに訪れた。Ｔ社との件は伏せたままである。とても構えて警戒され、消極的な対応に終始した。「一応聞き置く」とのことではあったが、暫く何の反応もなく時間は過ぎた。

　片や、Ｔ社を待たせて置く訳にも行かずに、そちらの分析、デューデリジェンス（精査）の作業は進めることになった。重要な収益部門であるだけに、最大の債権者であるメインバンクに説明の上、承諾を得ておかなくてはならない。メインのＳ銀行にとっても、分類先のＴ社より部門のスピンアウトによってその売却代金から一部貸金を回収できることはメリットが大きかった。それに加えて、スピンアウトした子会社の株式を一部連結を許す比率でＴ社に保持させ、その持分の価値が上がることで、債務者であるＴ社本体の財務内容が改善することもプラスになる。

　Ｔ社の財務担当者と共にメイン行の門を叩き、審査部門に説明を行った。数日後、担当常務の Tr 氏より、再度説明に来て欲しいとの連絡が入った。

「なるほど、良い提案だ」と賛同してくれた。当時の日本の金融機関の殆どは、バブル後の不良債権を抱え、その回収を図りつつ、自行の存続に四苦八苦していた。拓銀が、山一が、そして次は長銀が倒れ、残った銀行は、"Too big to fail"（大き過ぎて潰せない）を狙って生き残るべく合併先を必死に模索してい

る状況にあった。「あそことあそこはくっついてしまったので、残された相手は？」、等と腹を探り合っては、翌日の朝刊を目にすることに恐怖心を覚えていたのではないだろうか。

そんな中で、与信先の経営改善を図ると同時に分類債権額を圧縮できる、という提案に首を横に振るはずはなかった。

ある程度話がこなれて落ち着きかけた頃に、次の一手として、N社の農薬部門を切り出して新会社にロールアップする方向性をも打診してみる好機と捉えて、あくまで仮説として、恐る恐る説明を試みた。N社のメインバンクもS銀行である。T社、N社共に頭痛の種であったはずなので、2社への対策として有効であることを認識してもらい、話を進める上での協力を予め得るべく、根廻しをしておくつもりであった。

T社、N社の両部門のシナジー、その後の成長とポテンシャリティー等を一通り説明し終えると、簡単な質問が幾つかあった。さすがに理解の速い担当役員である。要点を突いていて、その蓋然性と時間軸を確認する内容であった。

「2つを同時にできないかね？」との問いが続いた。思わぬ切り出しに、こちらも願ったことと驚きつつ、"競合2社を一つの有機体にまとめるのに、ガバナンスを効かせる必要があること。そのための人事をスムーズに一挙に行う必要があること。それ等はこれから内容を見てデューデリジェンスの作業の上決めなくてはならないが、両社へのメインバンクの影響力を行使

しつつ話をまとめるべく、黒子としてＳ銀行の協力が必須であること。更にファイナンス面での新会社への親会社２社よりのローンの付け替え等で、メイン行の柔軟な対応を約束して欲しいこと。加えて、今後予期しない事項での協力への要請に対しても、都度十分に対応してくれること"、等を条件に出して、その道を探ることを約束した。

その場に同席して居たＴ社の担当者は、

「当然自分達がイニシアティブを採って、ガバナンスを効かせて」、との主張を、その帰り道より始めた。

「売上の規模も段違いに大きいし」、と。

重苦しい不況の中でも、街ではクリスマス商戦が始まっていた。場を移し、がらんとした店内でビールを片手に、彼の言い分をじっくりと聞いた。

結局、Ｔ：Ｎ＝６：４の割合で、両部門は括り出された後合併することになるのであるが、ファンドが全体を束ねるべくマジョリティー50％超を出資して、親会社２社が、Ｔ社30％、Ｎ社20％と、原物出資部分を夫々部分連結することでスタートすることに決まるのは、その後の一連の死闘を経てからの話である。

ＮＤＡをＮ社と交わす迄もなく、競合先の内容と人員を熟知しているＴ社は、タスクフォース（準備委員会）を立ち上げて、新会社の建付け、人事ポジションを含む人員配置迄の合併後の

青写真を早急に準備した。主導権争いを避け、事業が順調に前に進むべく、ガバナンスはファンドが握り、トップも然るべき人物を外からスカウトして据える構想を立てた。

　スケルトン（骨子）ができたところで、S銀行のTr常務へ説明。その上司のOk副頭取の承諾を得るには、それ程時間が掛からなかった。当時の状況をして速い意思決定を可能にしたのか、同行の体質がそうであったのか、定かではないが、その後の一連の展開を目のあたりにして後で思うには、同行のある意味での風通しの良さ、個人プレーの許される風土、多少の規則違反への寛容度があること等のベースがあった上のことと感じる。同じ銀行と言えど、自分の出身行の行風との違いは意外に大きかったことを実感した。

　Ok副頭取とは、以前別件でお会いしたこともあった故か、コミュニケーションを取るのは難しくなかった。キーンと冷えた日の午前の打合せの場で、"早ければ早い程良い"とのコンセンサスができると、我々及びT社のTs社長の都合を確かめた上で、机上の電話を取って、N社担当部にその場で「Tk社長にXX日YY時に自分のところに来る様に」と一方的に指示を出したところで、その日の打合せは終わった。

　その当日、当事者の2社の社長及び、当該部の関係者数人ずつが席を向かい合わせて座るS銀行の役員会議室で、Ok副頭取は切り出した。両側の袖には同行Tr常務と小職が向かい合

って座らされ、連座させられていたのには少なからず戸惑いはあったが。

　細かい説明は省かれ、「お前達が一緒になって新会社をつくれば、（シナジーがあって）良い会社になるだろう。このファンドが資金を出して両部門を括り出してくっつけるから、そうする様に」、と一方的に申し渡した。

　しばらく沈黙が続いたが、N社 Tk 社長が徐に、「急にそう言われても……」、と切り出すと、「お前達２社にとっても良いことだから。詳細をよく聞いて速やかに進めなさい」、と。「自分達の置かれた立場を分かっているよな」と付け加えて、短く終わった。T社の Ts 社長からは何も発言は無かった。

　後から嫌と言う程思い知らされるのであるが、N社の Tk 社長は激しい方で、仕事もでき、若くしてトップに上りつめた辣腕の方である。決断も速いが、タフなネゴシエーターで、部下が外で合意して来たことを、自分の意に沿わないと全てひっくり返す。ただ、一度心を開いて信頼関係ができると、何でも話せるコミュニケーションの取り易い方であった。その後、Ns 社との商社２社の統合を成功させ、初代社長を務められた後、退任後も親しくお付き合いする仲となった。

　T社の Ts 社長は、部下に任せるタイプであったが、この面談の場で、自分の面子が傷付けられたとお感じになられ、小職もそこに加担していたのではとの疑念を晴らすのに、その後相

応の時間と努力を要することになる。

　早速、3社、即ち、T社、N社、そして我々Oキャピタルでプロジェクトチームをつくり、T社の原案をタタキ台に新会社構想を練り始めた。同時にValuation（価値評価）、最も大切な事業計画の策定も。

　関係する会社、即ち当事者の2社、銀行、それに我々Oキャピタル全てがベクトルを同じ向きに揃え、本件よりメリットを得られる構図を用意できたので、話の進みは速かった。ファンド内での投資委員会の決定も、初の大型案件であったにも拘らず、パートナー全員の賛同を速やかに得ることができた。当然、人事ポジション確保のための同業両社間の血みどろの争いはあったが、成長部門故にリストラの必要は無かったので、嫌な作業は不要であった。

　先ず、2部門を括り出す形で、新会社Aサイエンス社が設立された。事業評価をファンドの我々が行い、T社対N社の夫々の部門収益をベースに、6：4の比率で合弁会社を設立する。

　そして、そこから、我々ファンドが、T社、N社両社より持分を買い取り、且つ成長資金を増資により引受け、最終50＋α：30：20の比率で我々ファンドがマジョリティーを取得の上ガバナンスを握り、重要事項への決定権を持つ旨を定めた株主間協定を締結した。因みに、ファンドよりの出資は2回に分

けて行われることとなっており、T社、N社両社よりの株式買収時（Day1）に1回目を、その後の薬剤買取等の成長資金としての増資分の2回目は、Day 1より1年以内に実行されることになっていた。これが、後程述べる様に大きな問題を残すこととなり、小職は死ぬ思いで解決を図る羽目になるのであるが。こうしてT社、N社よりAサイエンス社株を買い取った代金が、S銀行の分類債権となっていた両2社の借入返済に充当されたのは、緑も大分濃くなっていた頃であった。

　新会社での競合2社出身者間の争いは陰に陽にあり、ガバナンスを効かせてまとめるのには苦労があった。ただ、互いに重複して被っている業務が多くはなかったので、又、それ故にシナジー効果が大であったので、日常の業務でのコンフリクトが多くはなかったのは救いであった。両出身者に睨みを利かせるため、メジャーであるD社の農薬部門の最高責任者を務めた大物のジョンをヘッドハントして、社長に据えた。彼の厳格だが温和な人柄のお陰もあり、内外皆から尊敬される存在となり、彼の重みある発言で、重要な決定事項は速やかに採択され、事業の展開がスムーズに運んだことは成功の大きな一因であった。National Security（国の安全保障）の観点よりも、食糧の安定供給に資する安全な農薬の開発、提供の重要性を皆に意識させたのも彼であった。ただ、一旦引退していて体も弱かったため、常駐という形でなく、ニューヨーク州北部の自宅より出張ベー

ス又はビデオ会議での参加となり、日々のオペレーションでの関与は薄く、それが有れば、より上手く運んだはずではあった。代理として、ジョンはかつての自分の部下、ビルを東京に常駐させ、自分の目と耳の代わりの役を担わせようとしたが、これがコンプライアンス意識の薄い人物で、金使いが荒く、女性癖の悪い男で、寧ろマイナスの効果が大きかった。

　役員会は、ジョンを社長に、ファンドより２名、Ｔ社、Ｎ社より１名ずつの５人で構成された。小職は、役員に入ると、本件を仕掛けたことで色々な思いを持っている両社の人間の反発を買うのに加え、後述する様に、未だ山積した難題を解決すべく、立場を自由にしておく必要があったので、辞退することとした。

　ファンド組織内で、日本人パートナーは自分だけである。下に日本人スタッフは３人居たが、分析を行うアナリストであったので、対外的な営業や交渉は一人で行わざるを得なかった。もう一人の東京駐在のパートナー、デビッドは、小職と相談や打合せした内容を他のパートナーに伝え、Feedback を得つつ、ファンド組織内の理解と意志の統一を図る部分を、主に担うという分業体制で進めていた。

　２部門を夫々母体から切り出して合体させ、そこに更に第３者が入って新組織を発足させる、となると、組織内にいる人間には相当のストレスが溜って、且つ抗争にも発展しかねない。

外から送った人間が不始末を起こせば、その後処理もしなくてはならない。

「ちょっと話があるのだけれど、今晩飯食いに行かない？」という誘いがない日はなく、飲み屋での根廻し、相談事に仕事以外の時間は殆ど奪われた。それも大事な仕事ではあったので、"物事が円滑に進むのであれば"、との気持ちで、身を粉にした。逆に内部政治や人の属性が分かるにつれて、何処をどう動かせば、誰にどう伝えればとの勘処を掴むと、そうした場を使って組織運営を行うことに活用することとした。

　当初は罪悪感をも折に触れ覚えた役廻りを、トリック・スター的な面白味を楽しむことに置き換えて、役者に徹することで、何とか堪えたものであった。

　月一回の取締役会では、２回に１回のペースでのジョン社長のビデオ会議での参加にはなったが、主導権を確立し、ファンドのメンバー２人の役員も、人を責める様な発言にも拘らず、それなりにジョンを支えた。彼の代理として常駐したビルの頻繁に起こす不祥事の火消しをしつつ、日常の業務に関しては、日が暮れてから飲み屋で半ば愚痴を聞きつつ本音を把握し、翌日会議に加わり上手く収めて運営すると言うスタイルが定着して、約半年程経つ頃、ドイツＢ社よりの薬剤買収の話が大きく動いた。当時の薬品業界では、医薬品の巨額な研究開発費を捻

出するため、比較的収益率の低い農薬部門を売却するか、所有する農薬剤を売却すると言う集中と選択をメジャー（大手）の大半は進めていた。既に上市されている薬剤は市場を持ち安定したキャッシュフローを創出しているので、ロールアップ（買収して統合）すれば、その分確実に収益を上げることが展望できた。更に、旧N社のフランス子会社の持つネットワークでそれ迄カバーしていなかった東欧やアフリカ諸国へ販路を拡げれば、更なる収入が見込める。B社の持つ薬剤はそのマグニチュード（影響度）と潜在可能性と言う意味で打ってつけで、今回の投資のテーマの一つでもあった。（結果として、当時の20％を超える売上伸長をもたらすことになるのであるが）その買収に関してB社が意向表明書を交わすことに応諾するとの運びになったのである。旧T社部門の長年の夢でもあったし、旧N社部門とのシナジーを発揮できるとの意味で、全社最初の喜びに沸いた。デューデリ（査定作業）を行い、6ヶ月以内に買取を行うことになる。

　当初の親会社2社から株式を買取る際に、先に述べた様に、成長資金として、ファンドがコミット（約束）していた2回目の資金注入を増資引受との形でまかなう予定であった対象の案件である。

　ところがである。自分も目の前が真暗になる様な事態に直面することになる。

　Ａサイエンス社への第１次出資でそれ迄のファンド資金をほぼ使い切り、Ｏキャピタルは、次のファンドレイズ（新規組成）を行っていて、順調に出資のコミットメントは集まっているとの認識であった。そこから第２次出資を行うべく、NY 駐在の創業パートナー３人のうちの１人で実質代表であるダニエルが、ファンド組成の総責任者として、毎週の Investment Committee（投資委員会）に於て、

「組成は順調で、薬剤買収のタイミングには十二分に間に合う」旨、自信あり気に発言を繰り返していた。にも拘らずである。

「MOU（意向書）を交して、６ヶ月以内に買取を行うことになる」、との発表を、ある日の投資委員会で行った時のことである。ダニエルが、

「そのタイミングを遅らせられないか？」と、徐に返して来た。８人のパートナーの大半、６人は驚き、

「画期的な進展なのに何故？」との問いを口々に発したのは当然過ぎる反応であった。

「実は」とダニエルは切り出した。Ｏキャピタルが２年前に投資していた

「韓国の金融機関の業績が思わしくなく、それを理由に、目下仮コミットをもらっている先からキャンセルされる可能性が高

く、第2次出資を行うためのファンドをそれ迄にクローズ（組成）できるか不透明である」と言う。

「どうしてこの段階で」「今迄に報告は無かった」、との非難が続いた。韓国のパートナーは黙ったままであったが、ダニエルは

「できないものはできない」、と開き直るばかりである。

　今更、Aサイエンス社の方向転換をできるべくもなく、共に汗水と涙を流してやって来た関係者を裏切ることも、我々の信認を失うこともできない。そんな事情が表に出たら我々Oキャピタルの信頼は消えることになるし、一体何を理由に遅らせろと言い出せるのか？　その理由も考えられない。

　解決策はただ一つ。Aサイエンス社投資用の特別目的ファンドを別途組成し、そこから第2次出資分に充当することである。ただ、その額は約7千万米ドルと大きく、それだけの額を新設の特別目的ファンドへの出資で集めるのには大きな不確実性を伴う。そこで、半分に分け、半分を新設の特別目的ファンドで個別に投資家を集め、残り半分は銀行ファイナンスファシリティ（仕組）を組成することで、調達することにした*⁾。他に方法は考え付かず、現実的にそれしか無かった。

　　＊）結果としてレバレッジを効かせることになり、投資効率は高まることになった。

その後の約6ヶ月間、自分がどの様な生活をしていたのか、

覚えてはいない。Aサイエンス社の方々と会って会話する際は、この裏事情に触れる訳にも行かず、早期の薬剤買取のために活を入れるばかりであった。新しい資金調達にあたっては、当然、資金提供側より同社の担当者へのインタビューや質疑応答も伴うので、同社社員には、（2回目の出資とは別に）新たに投資をしたい、及びファイナンスをしたい、という先や銀行があるので、力を貸して欲しいとの主旨で、事情を隠しつつ対応してもらうこととした。冷汗ものであった。

　先ず、特別目的ファンドの組成について、裏事情を業界内で察せられない様に、広く候補にあたる訳には行かず、個別に伝手がある内密に話せる信頼できる先に限定し、インフォメーションパッケージ（情報をまとめた資料）を用意した上で、話を持ち込んだ。競合他社に情報がモレるのを回避するべく。

　その中で、2社、真剣に検討してくれる先が見つかり、そこに絞って膨大な情報・資料を開示、その上で、密な質疑応答が繰り返された。その先とは、当時ローン以外に政策的投資も手掛け始めようとしていた政府系のNS投資銀行と、MS銀行グループに入ったばかりのNk證券が立ち上げたばかりの投資ファンドである。前者は、Oキャピタル本体のファンドへの出資の件で、従前より我々の活動の内容を説明していた経緯があり、その際には、ブラインドコミット（対象案件をファンドに委ねる）の形でのファンドへの出資には難色を示していたが、個別案件

ベースで、投資対象が特定しているのであれば俎上に乗る、との反応を得ていた背景があった。Aサイエンス社の件へは従前より興味を示していたので、話の進みは速かった。後者は設立後間もなく、その最高責任者として着任した方が、小職のNY時代のS銀行のカウンターパートナーであった方で、着任の御挨拶にいらした際に、「何か良い案件があればご一緒に」、との話があっての伏線上のことであった。チームを組成し、細かい分析を徹底的に行うスタイルはNY時代の彼のやり方そのもので、御担当の方々は相当の体力と時間を費して、我々も驚く様な詳細で美しい分析図を完成させていた。

とは言え、6ヶ月しか時間は無い。8月末迄に、出資と銀行ローンを同時に実行し、B社に支払う資金をAサイエンス社の口座に振込まなくてはならない。出資契約と銀行ローン契約とは相互にCross Condition Precedent（相互前提条件）とする形で定めざるを得なかったので、どちらも同時に行う必要があった。どちらが欠けても、遅れても、新しい薬剤の購入は成り立たないからである。

次に、銀行ローンの組成である。ここは債務者であるAサイエンスの株主がT社、N社と言う分類先である点が制約要因にならないことを確認する作業より始めなければならなかった。Aサイエンス社に対するローンは分類されないことを確認し、お墨付を金融庁から事前に取得しておかない限り、何処もファ

173

イナンスの検討など始めるべくもない。役人の友人を通じ、事前に金融庁担当者よりある程度の感触は取ってあったので、自信はあったが、ファイナンスを依頼した銀行側の担当者達は、自信を持てずに検討する前に確証が欲しいと口を揃えた。

　この金額だとシンジケート団を組む必要がある。銀行団の中での役割を決めなくてはならず、相互の顔を立てることが必要となるのに加え、担当者にインセンティブを持たせる手数料もある程度厚目に設定しなくてはならない。今迄銀行で培ってきた業務の経験が図らずも活きた。

　いずれにしてもまとめ役の Agent（幹事）行が必要である。先ず親会社２社のメイン行のＳ銀行を訪ね、Ａサイエンス社は健全先として金融庁も認定するであろうから、Agent を務めて銀行ローンを取りまとめてくれないか、との依頼を行った。当然同社のその後の推移も十分承知していて高く評価し、喜んではいたが、親会社２社のメイン行として他行よりその２社への貸出しの肩代り、鞘寄せを持ち出される可能性があるので、表に立ち難いとの返答であった。相手は Ok 副頭取と Tr 常務である。その一方で、一旦フレームができ上がり、整った暁には親会社のメイン行として、然るべきポジションでシンジケート団の上部に名前が欲しい、との都合の良い申し出もあった。そこで、何処か他の銀行を Agent に、Ｓ銀行を Co-Agent に最終的に落ち着かせ、その際の最終取引金額も Agent 行と同等

とすることを確約させて、他にAgent行となる先を捜すこと
にした。

　この約束を念書として書いた物で求めると、何と、その場
で、万年筆でその旨を記し、Tr常務は捺印の上、封筒に入れて、
小職に手渡した。驚きながらも、案件完了後に返却する旨を約
束しつつ、持ち帰った。

　一方で、同行のMOF担（大蔵省、金融庁担当者）と金融庁へ
は別途訪問し、Aサイエンス社への新規銀行ローンは分類債
権とはならないことを共に口頭で確認することを行っておいた。
"どの銀行をAgent行に据えるか？"、時間の無い中で、親
会社のメイン行の念書も梃子に使って、モノ判りの良い銀行
を早期に選ばなくてはならない。そんな時、MS銀行の投資銀
行部に転勤になったばかりのKi氏が挨拶に来た。学生時代の
友人でもあり、M銀行出身の彼としては、早期に実績を挙げ
て、合併後の組織内で旧M銀行出身のエースとして生き残ら
なくてはならなかった。因みに、対立する旧S銀行出身エース、
Ta氏は同じゼミ出身で、人事部長でもあったので、何かの折
にその内情はよく知られてはいた。インセンティブ十分であ
る。Ki氏に次の訪問を促し、これはエポックメイキングな内
外に宣伝効果の高い案件になること、S銀行もスタンバイして
いるので、引受リスクはMitigate（緩和）されていること、金
融庁からも、口頭であるが"分類されない"との言質を取って

いること、更には、そもそも対象会社は優良な日本で最大の農薬会社となる（B社よりの薬剤買収後、S化学を抜いて）こと、等、大義名分やメリットを説明すると、"これはアピールできる案件になる"と、両手を挙げて応諾をした。

　更に Co-Agent に A 銀行が加わり、ローン契約の交渉と特定目的ファンドの組成交渉とを同時並行的に進める日々が、夢の様に過ぎて行った。一刻一刻が戦争のごとくである。出資契約書では米国でも協働した Milbank、ローン契約書にはアンダーソン毛利法律事務所の優秀な弁護士に付いてもらい、夫々契約条件の交渉で夜を明かすことも頻繁にあった。集中している時に、何か忘れてはいないかとの切迫感を常に共有し、保ち続けることができたのは、この時にサポート頂いた It 先生始め渉外弁護士の方々に依る。兎に角時間が無かった。1日のどの時間にも属さない様な瞬間が交渉事項一点・一点毎に費やされ、そのリストは次第に短くなり、やがて消滅した。

　テーブルに着いた出資候補、銀行、皆、詰めるべき諸点や制度的難点にも拘らず、死力を尽くして動いてくれたと思う。

　状況を細々と投資委員会で他のパートナーに説明する時間も無く、一方で、そうしても他のメンバーには理解できないので、止むを得ないことながら、東京駐在のデビッドも含め、他の7人のパートナーは端で、ただハラハラしながら見ていただけであった。

　さて、8月も残り一週間を残すところで、銀行ファイナンスも、新規の特定目的ファンドも夫々の契約書の調印を果たし、相互のファンディング（資金拠出）を前提とする Cross Condition Precedent もクリアし、月末に無事新規株式引受と払込、ローン実行を同時に果たすことができた。その資金でドイツB社より薬剤を9月には買収し、Aサイエンス社は成長軌道にフワッと乗ることになる。

　やっとできた時間を使って、一連の仕組の全貌を同僚のデビッドに説明し、如何に関係者全員が Win-Win で Happy End であったかを理解させると、彼は自慢話として、Asian WSJ（ウォールストリートジャーナルのアジア版）の記者にその内容を右から左に電話で蕩々と話した。面白いと思ったのだろう。記者はオフィスにやって来て彼の写真を撮り、彼の顔のデッサン（WSJ は写真を使わない）と共に翌日の紙面の第一面に記事を掲載した。"人のふんどしで、"とは、銀行時代から見て来たことだが、どの世界でも同じことであるのを再認識した次第である。因みに、マスコミへの出演は内部ルールとしてファウンディングパートナーの許可事項だったので、デビッドはダニエルよりきついお叱りを受けた。この困難を招いたのはそのダニエル本人であり、又、その原因をつくった韓国のパートナーはクビとなった。その後、Aサイエンス社は他の薬剤をも買収し、ある程度成長したところで、当初投資額1億8千万米ドルの5.6倍

（IRR ＊）37%）の価格で英国の他ファンドに売却し、多額の収益をＯキャピタル及び共同出資者のＴ社、Ｎ社に、もたらすことになる。小職はその前にこのＯキャピタルより離れ、独立していたため、その収益には与れなかった。

＊）IRR ＝ Internal Rate of Return：内部収益率

　追記になるが、銀行ファイナンス組成の最終段階で銀行間の揉め事が起きることになった。形が整い、Ｓ銀行が Co-Agent として途中から顔を出すことは、事前の取り決め通りであったのだが、MS 銀行はそれを前提としていたにも拘らず、自分達の手数料の取分を更に何とか増やせないかと言い出し始めた。契約通り調印、ローン実行が終わった後も、同行の Ki 氏は執拗に拙宅迄電話をかけて来て、合併後の行内で良いポジションを確保するべく９月中間期のノルマ達成のために、「手数料配分を、今から見直せないか」との理不尽な頼み事を繰り返すのであった。友人に無心するつもりであったのであろう。案件が一通り終了し、例の念書をＳ銀行の Ok 副頭取、Tr 常務に返却に伺った際に、この筋が通らない依頼があることに触れたところ、意外にも、快く応じて下さり、一旦収受した手数料を、契約書の変更をした上で、一部 MS 銀行に修正分として支払うことになったのであった。ご自身も厳しい状況下にいる中での御決断は、それだけのメリットが同行にとって十分にあった故

の証とは理解しつつも、

「苦しい時の友人は、助けてあげるものだよ」と言い添えた
Ok 副頭取のご配慮に、お人柄を感じた次第であった。

　それ程迄に"合併"による組織内の個々人に掛かるプレッシャーが強いことをご認識されつつ、同行も生き残りを掛けて、M 銀行との統合に動いて行く。限界的状況に追い込まれると、人の本質が浮かび上がって来る。

12.3　頓挫した或る案件

　都下に本社を置く名門オーディオメーカー T 社より、更に詳しく話を聞きたいとの連絡を受けたのは、幸いにも、第 2 回目のファイナンスを伴う出資の一連の作業を終えた後であった。

　同社へは、A サイエンス社の第 1 回目の出資を終えた頃に提案書を提示して、最初の説明を行っていた。

　オーディオ・ファンであれば誰も知らない者はいない、同社の高音質で高価な音響機器は羨望の的ではあったが、時流が変わり、売上も収益も落ち込んで、次の事業の軸を模索している状況にあった。そのための成長資金を確保しなくてはならないが、銀行よりの借入も資本市場での増資も、毎期発表される事業報告では手が届き難いところにあった。ただ、その中で、ある事業部門だけは収益を伴うキャッシュフローを安定して産み

続けていた。同社担当の、既にM銀行と名前を変えていた旧F銀行の後輩よりの情報によると。公開される事業報告書には、その部門は個別には現れて来ない。精密機器部門と言う漠とした名の括りの中に押し込められて、外からは見えなくなっている。何故か。

　2003年のイラク戦争の際に、米軍機が攻撃目標を捉えミサイルで破壊する映像が、一般の視聴者に生々しい衝撃を与えたが、そのカメラ及びシステムを製造していたのが同部門で、武器関連製造事業を抱えていると見做されるのを避けるための配慮からであった。旅客機内のエンターテイメント映像設備も、その派生技術を用いて、同じ部門で製造していたので、社内では"インフライト・エンターテインメント部門"と呼ばれていた。ロスアンジェルス郊外に子会社として存在し、"輸出"との形態も回避しつつ、戦闘機やミサイル向けの映像認識部品として、パトリオット等のミサイルを製造するレイセオン社やロッキード社等のメーカーを主な顧客とし、寡占的な立場を享受していた。

　こうした盲腸的な事業でもあり、技術的特性に優れていても、日本の会社としては大々的に営業を掛ける訳にも行かない。傘下に置いたままでは積極的に成長させられないのであれば、同事業を売却して、そこで得た資金を成長させようとする分野への再投資に投入し、一方で当該事業はファンドの下で、米企業

として柵から自由に、技術力を発揮しつつ伸ばして行くことではどうか、との内容で提案を行っていた。新会社としての株式の一部を、無議決権株としてT社が持ち換えるのであれば、心配される関与の問題を回避しつつ、成長を達成した後の将来の実現益も享受することが可能であると。

　T社のニーズに嵌ったので、話はトントン拍子に進展し、ロスにある同部門の工場への訪問、及びそのトップとの面談を通して更に理解を深め、その後の事業展開の道筋もより明確に見え始めた。

　2度目のロス訪問は短期間の滞在ではあったが、インタビューを重ねて行くうちに、米人の現地法人のK社長にはこの事業をここ迄育てたことに強い自負があることを強く印象付けられた。空軍に仕官した経歴を持ち、本社の有する技術を応用して用途、販路を切り開いたのは、この自分であると。

　米国法人の案件ともなるので、我がファンドの米人パートナーの1人であるダークも共に担当することになり、現地での作業に合流していた。米人同士、WASP（ワスプ＝白人、アングロサクソン系プロテスタント）同士、息が合ったのか、現地法人社長にとって厚い処遇案を、サンタモニカを散歩でもしながらどちらからともなく持ち出したらしい。東京に戻る前夜の会食の席で、本社より独立した後の新会社のストックオプションを10%以上は欲しいとK氏は仄めかし、ダークもその言い分を

支持した。

　帰朝して、スピンアウトした後の新会社の事業計画と経済性の分析をチームで改めて見直し、幾つかのシナリオに分けた数字を算出した。一定の水準以上のパフォーマンスを達成した場合には10％を上限としてストックオプションをK氏に付与することも可能との見通しも立ち、投資委員会の承認も得た。

　そこで、この仕組も加えた修正案をT社に提示し説明を行ったところ、同社内では強いアレルギー反応があった様で、「我が社が新会社に残す優先株の価値にもマイナスの影響を与えかねない」との理由で反対を受けた。しかし、ストックオプションを行使し得る程順調に事業展開された場合は、寧ろ元のケースより数段良いリターンが達成されていることになるので、その返答の根拠とするには薄かった。探ってみると、どうも本社と米国法人社長K氏との間に複雑な感情のしこりが残っていることが分かった。K氏本人から聞いていた過去の経緯の他にも、米社の今を形作った成功の要因が、本社社長の口から語られた。

　それ迄に蓄積されていた認識のズレ、感情のもつれの詰まった箱を開けてしまったのであろうか。その後1週間程して、T社より本件の検討を一時停止したい旨の一方的な通告を受け取った。今のT社にとって最善の案と思われるのに何故との驚きに加えて、ここ迄来たのにとの未練で、T社側のアドバイザ

ーに立っていた旧F銀行の、元プロジェクトファイナンス部
の先輩でもある、M＆A部の部長と共に何回となく訪ね、説
得を試みたが、検討が再開されることは無かった。人の心の奥
にある非合理的な意思決定回路にその理由が隠されているの
か、扱う製品が国防に関連している故に生じた原因があったの
か（一連のやり取りが行われたのは2004年、イラク戦争の翌年のこ
とであった）、その先輩と共に詮索を重ねたが、半ば謎のまま断
念することとなった。

　その後のT社の変遷については詳細を知らない。音響機器
のブランドだけは根強い支持者を惹きつけつつ、量販店の店頭
で目にすることはある。

　T社本社があった近隣に位置する音楽ホールにコンサートを
聴きに訪れる際、跡地に建つマンションの横を通る。遠い記憶
の中から響いて蘇って来るかの様に、当時そこにあった応接室
で交わされた会話が頭を過ぎる。壁に掛かる北斎の神奈川沖浪
裏の少し染み残った画面の残像と共に。

　幾つものステップを踏んだ上で、相手のニーズにも合致し、
マンデートを取得してデューデリジェンスに入っても、諦める
案件は他にもあった。

　銀行系ノンバンクのAp社もその一つで、Sy社長の想いを
汲んでその手腕を発揮できる場をとのテーマで進めていたが、

先にも触れた韓国の金融機関への投資案件の不振の煽りを受けて、"タイミングが悪い"との理由で断念せざるを得なかった。その後の同業界の変遷を鑑みるに、その中での次の成長のベースとなる有力なプラットフォームを逸したことは悔やまれるところが大きかった。

　密度の濃い詰まった議論とケーススタディーを繰り返していくにつれ、プライベート・エクイティビジネスへの同僚、パートナー達の考え方、思想の理解も深まると同時に限界も見えてきた。一方で、"外資系"であることへの世のアレルギーと相俟って、全く異なる投資方針のファンド、例えば"ハゲタカ・ファンド"と呼ばれるところと十把一絡げに見られることもあった。それらとの違いを認識させ、"真の企業の潜在的価値を顕在化させるには"とのテーマで、既に採り上げた案件の事例を説明しながら日本固有の企業風土も勘案した新しい角度からのビジネスモデルを示しつつ、あがいていた頃でもあった。

　一般的にファンドビジネスでは、安く買い、不採算部門は切除して収益部門を伸ばせば、美しい株価算定の方程式からは投資家を喜ばせる数字がアウトプットされる。企業の価値、存在意義を"株価"で表象できるとの前提で成り立つビジネスモデルである。そこにはどうしても違和感を感じていた。

　企業のステークホルダーは、株主は勿論、従業員、取引先、

立地する地域の関連する主体など多岐にわたる。にも拘らず、企業価値を測る指標が株価だけであるとすれば、そこに全てのステークホルダーにとっての望ましい価値がフェアな形で反映された上での株価の形成がなされていることが、望ましい姿であると考える。結果として、関係ステークホルダーに支えられたより強靭で永続性のある収益を産み続ける体制を実現できるからである。多分に経済数式に馴染まない有機的要素を勘案することの困難を伴うことになるが。

現行の市場では株主価値至上主義が支配的なルールとなっている。米国流ビジネススクールという教育機関との組み合わせで洗脳された人材を輩出しつつグローバル・スタンダードとして。"民主主義"という大義名分の下に、公用語としての英語、キー・カレンシーである米ドルの通貨発行権をベースに、アメリカの国力を支える一つの Tool（道具）として有効に機能している。

Ｏキャピタルのパートナーは（自分以外）全てこうした教育を受けてきた者で構成されていた。言わんや日本的側面を語れるのは自分のみであった。投資のストラクチュア（仕組み）、投資先の経営、運営に関して議論する際には都度、前記の視点を入れるために半分は比較文化論を論じなくてはならなかった。皆真摯に耳を傾け、それ自体は楽しい作業ではあったが。一方で案件を重ねるうちに、こうした違和感は次第に胃にもたれる

ように大きくなって行った。

　英国の老舗の大手ファンドより会食の誘いを受けたのはそんな頃であった。東京會舘の個室で彼らのパートナーと舌平目のボンファムを楽しみながら幾つかのケーススタディーの話に及んだ。彼が得意げに、スポーツファッション LL 社への投資成功例を語るのを聞いた後、先に記した、ステークホルダーにさまざまな角度から支えられた長期的な企業価値の極大化の考えを説明すると、慇懃に話を遮られた。

「我々の投資 Horizon（期間）は５年内である」と。

「株価は将来価値を考慮した（Ebitda 等の指標の）倍率、又はキャッシュフローの現在価値で決まるので、５年間でその体制を実現すれば、その後の発展を織り込んだ然るべき数字を実現できるのでは」と返すと、

「そこ迄の役割をファンドは担っていないのではないか」と。

　企業再生の手法と企業価値に関する一連のやり取りの後、再生の話は他の分野にも渡り、ナショナル・ギャラリーの収蔵作品の洗い過ぎや、コヴェントガーデンの建替えの話にも及んだ。どちらもオリジナルの良さを失わせてしまっていたが。

　アルコールも入り和やかに終わって、何処からともなく金木犀の香りを運ぶ夜風に吹かれながら帰宅した。

　それから２週間程して、彼からオファー・レターらしきものを受け取った。詳細を見ることなく、同僚に見つからないよう

にそっと、シュレッダーにかけた。

　恐らく彼の考え方が業界での正論なのであろう。日本においても世のファンドへの理解が深まり許容度が増し、そうしたTool であるとの認識の下に広く展開されている。あまり考えず、無邪気に教科書通りに進めている方が生産的であったのかもしれない。敗戦後、外から与えられた憲法と制度をそのまま素直に取り込んで経済成長を遂げ、国家としての戦略を持たずに浮かれて自分のポジションを活かす機会を逸して今に至った姿が、それに重なって思い起こされる。後から振り返って、歴史的に観たとき、一時代的な現象として終わるのか、修正されつつ別の形態へ変遷して行くのか、興味は尽きない。

　これ以降の動きを記したダイアリーはまだ手元に残しているが、そろそろ"時効"という言い訳が効かないレンジに入ってきているように思う。
　いずれ何時かその時に機会があればと、ここで筆を置くこととしよう。

おわりに

Sachlichkeit（ザハリヒカイト）というドイツ語がある。“そのものが、あるがまま”とのニュアンスを含んだ“客観性”との意味で使われることが多いが、何がその時起きていたのか、“それ”を知った上で事象に対して考察を試みる事は有用である。

中学校の教室で、ドラクロワの描く3色旗を手にした女性像を指しながら、「民衆が立ち上がったのは“自由・平等・博愛”のためじゃないだろう。“母ちゃん腹減った‼”と泣き叫ぶ子供たちがいたからだろう」と教えてくださった先生がいらした。

大学で経済史を学ぶ際、担当教授より荒畑寒村や高橋是清、原敬の日記や自伝に加えて、当時の人々の声が記された資料を読まされた。そこに、社会、経済の変動を理解する鍵が隠されていると。書き手の立場を割引ながら読み解くことの大切さと共に。

時はものごとの形を変え、失わせ、加えられる解釈により合理化され、昇華される。時には置き換えられることもある。聖書を現場の記録として捉えた時、「そこへ帰れ」と唱えたルターの主張は、オーラルヒストリーの持つ意義を裏書きしたものと捉えることもできよう。

現場で起きていたことの裏側に、何らかの真実の糸口が隠れ

ているのだとすれば、自分の偏見を介したものであっても、記録として残しておくことに、何らかの意味があるのかもしれない。

人は知っていること、経験したことを超えて物事を理解することは苦手なようである。悪魔に魂を売ってまで、その力を借りて知見を得ようとする気持ちもよくわかる。

その時々、置かれた環境の中で、ファイナンスや投資という業態に軸足を置きながら、更に"知らない、できていない何かを"と求めつつ生きてきた訳であるが、大した事はできず仕舞いであった。こうして振り返ると、職人の暗黙知の詰まった我が国のコア・コンピタンスとなるべきものを活用することなく、片や相手のルールを鵜呑みにすることで国の富を流出させて来た、国としての戦略の不在をも見て取りながらも。

お金は、どの業種にとっても必要な資源である。公正であり、社会厚生に資する限り、対象はあらゆる事業に向けられ、モラルとアカウンタビリティーを保つ限り自由度の高い業務である。

金融の使命とは、実体経済に必要な経営資源としてのマネーを血液の様に供給し、健康的な身体の発育の如く、対象の事業の健全な成長を図る点にある。何が対象とすべき本源的付加価値を生み出す事業か、その判断を先ず問われ、次にマネーだけでなく金融機関の持つエクスパティーズ（専門技術）、ネットワークで届けられる資源を問われる。

　対象事業のリスク管理とリスクに見合う適正なリターンのボトムラインを確保しつつ、対象事業との密なコミュニケーションを通し、コミットし、時にマネージしつつ、その事業の成長と共に、得られた果実を分け合うことでリターンを得る。

　実態と離れて、収益のみを求めて行われる金融は、いずれバブルをもたらし、社会的コストを軽んじる事業への関与は、後世に負荷を残す。

　この分野でのリテラシーとモラルを備えた人材の豊富さは、不確実性の高まる世界での資源の合理的な配分と、適切な方向への経済の発展に大いに資するものと期待をする。

　若く情熱を持つ方々の積極的な参画を望むところである。

　最後に述べておきたいことが幾つかあります。

　本文に記すことはなかったものの、入行後２か店目の札幌で自分を掬って、その後語学研修との名目で、如何なる条理も呑み込んできた歴史を持つスペインに一年間遊ばせて下さったＡ副支店長（当時）始め、自分に多くの機会とご示唆を与えて頂いた方々に、この場を借りて感謝申し上げる次第です。

　本書を纏める運びとなったのは、偏に幻冬舎ルネッサンスの方々のご指導に依るものです。

　業務や出張先での空いた時間を使ってノートに書き留めた乱

筆乱文の原稿を丁寧に読んで頂いた田中様、初めての作業をきめ細かくご指導頂いて読むに耐える形にまで導いて下さった金田様へ、心よりお礼を申し上げます。

[著者]
赤土留太（あかつち りゅうた）
1980年　都市銀行に入行。国内支店2カ店での勤務を経て、主にプロジェクトファイナンス及び新規事業開発を担当し、ニューヨーク、香港にも勤務。
2001年　銀行を退職し、プライベート・エクイティ・ファンドに移る。日本でのバイアウト投資業務をパートナーとして主導した後、現在コンサルティング業務を行うに至る。

「もう時効？」
昭和から平成の"限界的金融界"裏話

2025年2月28日　第1刷発行

著　者　　赤土留太
発行人　　久保田貴幸

発行元　　株式会社 幻冬舎メディアコンサルティング
　　　　　〒151-0051　東京都渋谷区千駄ヶ谷4-9-7
　　　　　電話　03-5411-6440（編集）

発売元　　株式会社 幻冬舎
　　　　　〒151-0051　東京都渋谷区千駄ヶ谷4-9-7
　　　　　電話　03-5411-6222（営業）

印刷・製本　中央精版印刷株式会社
装　丁　　HON DESIGN（小守いつみ）